サクッとうかる

社会福祉法人経営実務検定試験

（厚生労働省後援）

会計 2級

公式

テキスト&トレーニング

桑原知之

ネットスクール出版

はじめに

～社会福祉法人経営実務検定試験を目指される皆様へ～

本書を手に取ったみなさんは、いいところに目を付けられましたね。

社会福祉法人における会計処理や経営管理を学習範囲とするこの試験は、その内容の社会的重要性から2022年度に**厚生労働省の後援**を得るに至りました。

保育から介護に至るまで、あらゆる場面での社会福祉の担い手である社会福祉法人の、会計はもとより経営までも学ぶ**『社会福祉法人経営実務検定試験』**は、今後、ますます注目され、評価されていくものと思われます。

～社会福祉法人で働く皆様へ～

社会福祉法人に勤めると、最初は現場で働くことが多いかと思われます。

しかしそんな中でよく見ると、ご自身の退職給付制度や、介護保険制度、さらには施設自体への補助金制度など、**行政から手厚く保護されている**ことに気づかれるのではないでしょうか。

誰しも肉体労働的に働くには限界があります。

今は肉体労働的に働いていても、この資格に合格し実力をつけ、いつしか、**社会福祉法人の経営の一翼を担える存在**になっていくというのも良い生き方ではないでしょうか。

～簿記を学んだ皆様へ～

簿記会計のルールは、産業分野ごとの実態に則して若干異なります。つまり、一般簿記との違いを理解すれば**「その分野の会計スペシャリストになれる」**ことを意味しています。

社会福祉法人は、全国で21,000法人ほどあり、携わる人も多ければ、お世話になる人はもっと多いのが特徴です。**この分野に就転職される方は絶対に取っておくべき資格**ですし、将来お世話になる方も知っておいて損はない知識でしょう。

また、この**『社会福祉法人経営実務検定試験』**は厚生労働省の後援を得たことにより、社会福祉法人での認知も高まり、高い評価を得るようになることは確実です。

社会福祉法人会計では、資金の範囲や基本金の扱いなど、一般簿記と異なる点もありますが、**基本的な簿記の考え方はまったく変わりません。**

この機会に社会福祉会計を学び、自分自身の価値を高めておいてはいかがでしょうか。

「日商簿記検定試験」の受験後に**「社会福祉法人経営実務検定試験」**を受験するさいの目安となる級を示すと次のようになります。

日商簿記検定試験後に受験する社会福祉法人経営実務検定試験

<table>
<tr><th>日商簿記検定試験</th><th colspan="2">社会福祉法人　経営実務検定試験</th></tr>
<tr><td>日商簿記１級 ──→</td><td>会計１級</td><td rowspan="3">経営管理</td></tr>
<tr><td>日商簿記２級 ──→</td><td>会計２級</td></tr>
<tr><td>日商簿記３級 ──→</td><td>会計３級</td></tr>
<tr><td></td><td colspan="2">入　門※</td></tr>
</table>

※入門の試験には、経営管理に関する初歩的な内容も含まれています。

ネットスクール　桑原　知之

社会福祉法人経営実務検定試験会計２級のプロフィール

社会福祉法人経営実務検定試験会計２級とは

社会福祉法人経営実務検定試験とは、社会福祉会計法人に携わる人々が、業務に必要な知識を学ぶことができる検定試験です。社会福祉法人会計は企業会計とは大きく異なる会計のため、その特殊性に配慮した勉強が必要となります。

会計２級の受験対象者は、社会福祉法人における財務担当役員レベルとなっており、社会福祉法人全体の統括会計責任者や、法人理事長、役員ほか、指導的立場にある職員などになります。

なお、2021年12月までに17回実施されていた社会福祉会計簿記認定試験中級の名称が、2022年より社会福祉法人経営実務検定試験会計２級に変更されました。

過去の合格率

過去７回の合格率は、35％前後となっています。

※社会福祉会計簿記認定試験中級として実施されたものです。

	第11回 2015年	第12回 2016年	第13回 2017年	第14回 2018年	第15回 2019年	第16回 2020年	第17回 2021年
受験申込者	551	621	648	583	553	468	532
実受験者	479	532	576	524	479	396	458
合格者	144	147	165	211	130	118	290
合格率	30.10%	27.60%	28.60%	40.30%	27.10%	29.80%	63.30%

受験資格・試験日など

受験資格：男女の別、年齢、学歴、国籍等の制限なく誰でも受けられる。

試 験 日：年間１回／12月実施

試験時間：13時30分から15時00分の90分

大 問 数：４問

受 験 料：8,800円（税込）

合格基準：100点を満点とし、70点以上。
ただし、大問のうち１つでも０点がある場合は不合格となる。

出題範囲：新試験制度の導入により、出題範囲は一般財団法人総合福祉研究会のホームページをご確認ください。
【URL　https://www.sofukuken.gr.jp/】

本書の使い方

内容理解はこの１冊でOK ！

図表やイラストをふんだんに使って、読みやすくしました。

また、『Point』や『超重要』などで、学習の要点が一目でわかるようになっています。

利用者からも国や地方公共団体からもいただきます

10 事業収益の会計処理

事業収益とは

社会福祉法人は、福祉施設運営などの事業活動をする対価として、国や地方公共団体及び利用者からの報酬として収益を得ます。この報酬を**事業収益**といい、社会福祉法人が行う事業活動の種類に応じて適切な勘定科目を用いて仕訳します。

会計３級でも学習しましたが、事業収益の勘定科目には「**○○事業収益**」が多く使われています。「○○」には社会福祉法人が行っている事業をあてはめます。

例：老人福祉事業……老人福祉事業収益（収入）
　　保　育　事　業……保育事業収益（収入）

事業活動計算書項目の「○○収益」は資金収支計算書では「○○収入」と表示されます。

また、事業活動計算書の「○○費」は資金収支計算書では「○○支出」と表示されます。

point

計算書類の記載区分

「○○事業収益」：事業活動計算書　サービス活動増減の部
「○○事業収入」：資金収支計算書　事業活動による収支

38

カバー裏もチェック！

本書のカバー裏には、用語集を掲載しています。取り外して机の前に貼るなど、学習にお役立てください。

※必要に応じてコピーなどをされることをお勧めします。

第5章　有価証券と外貨建資産の評価

取引　①購入したとき（社債・国債）

額面総額10,000円の福島商事株式会社の社債を、額面100円につき93円で購入し、代金は証券会社に対する手数料500円とともに小切手を振り出して支払った。

（借）有価証券	9,800	（貸）現金預金	9,800

10,000円 ÷ 100円 = 100口
@93円 × 100口 + 500円 = 9,800円

株式は1株、2株と数えますが、社債・国債は1口（くち）、2口（くち）と数えます。

社債・国債の取得原価は、①額面総額（がくめんそうがく）（10,000円）を額面金額（がくめん）（100円）で割って口数（くちすう）を求め、②1口あたりの購入価格に口数を掛け、付随費用を加えた金額とします。

① 口数：10,000円÷100円＝100口

② 取得原価：@93円×100口＋500円＝9,800円

超重要

① 口数 ＝ 額面総額 ÷ 額面金額

② 取得原価 ＝ 1口あたりの購入価格 × 口数 ＋ 付随費用

額面金額は、債券の券面上に記載されている1口あたりの金額（100円）です。

5　有価証券と外貨建資産の評価

109

理解のためのツーステップ式！

「初回のアウトプットはインプットの内」と言われています。

つまり、学習は、「アウトプット（確認テストを解くこと）をしないとインプット（知識習得）は完了しない」ということを意味しています。そこで、基本知識を学んだらすぐに確認テストを解きましょう。

テキスト ＋ 基本問題

確認テストは、過去の試験で出題された問題が中心です。問題を解いたら必ず解説をお読み下さい。

債権・債務の会計処理

確認テスト

答え：P.000

❶ 次の空欄に当てはまる適切な語句を記入しなさい。

未収金、前払金、未払金、前受金等の（　　　　　　　　）によって発生した債権債務は、流動資産または流動負債に属するものとする。

❷ 次の取引を仕訳しなさい。なお、勘定科目は語群から選択すること。

語群：現金預金　未収補助金　事業未収金　車輌運搬具
器具及び備品　その他の未払金　長期未払金
老人福祉事業収益　支払利息　給食費　事務消耗品費

(1) 給食用材料 2,887 千円と事務用消耗品 655 千円を掛けで購入した。

(2) 老人福祉事業のための補助金 5,987 千円と利用者の利用料分 292 千円を未収とした。

第 10 回出題

サンプル問題を使って実力を把握！

テキストと確認テストで学んだ知識を確認し、一通り学習が終わったら、サンプル問題に挑戦してみましょう。

社会福祉法人マイスター制度

2022年度から、新しい試験制度でスタートする「社会福祉法人経営実務検定試験」(旧 社会福祉会計簿記認定試験）では、「**会計１級**」と「**経営管理**」の２科目に合格すると「**社会福祉法人マイスター**」の称号が付与されるとのことです。

平成28年（2016年）の社会福祉法改正により、社会福祉法人にはより一層のガバナンス強化が求められることとなりました。そこで、新試験制度では会計分野に加えて、新たにガバナンス分野も出題範囲とされたのです。

社会福祉法人の次世代を担う経営者候補として、ぜひ社会福祉法人マイスターを目指して頑張ってみませんか？

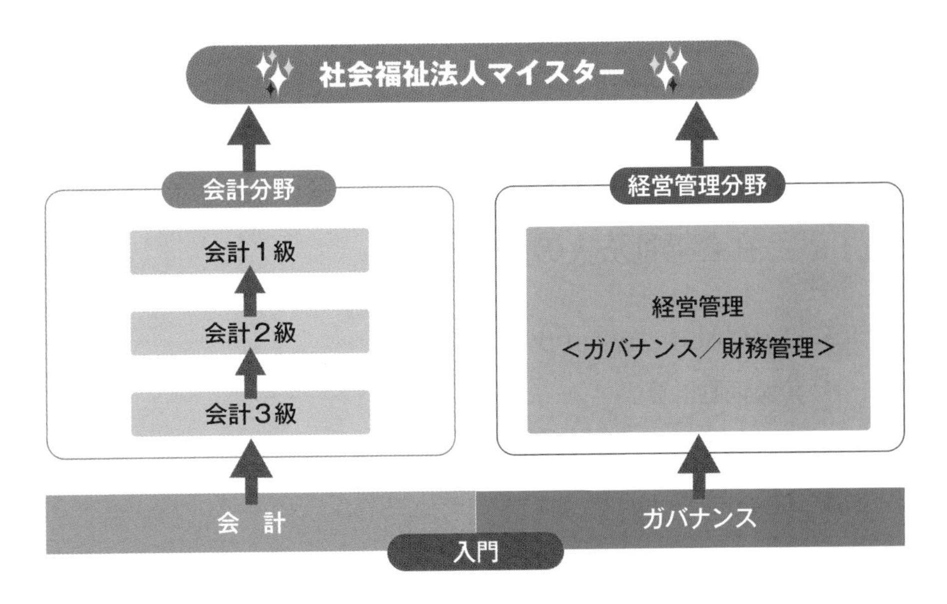

みんなでマイスターにチャレンジしよう！

頑張ります！！

CONTENTS

第3章 債権・債務の会計処理

第4章 固定資産

第5章 有価証券と外貨建資産の評価

第6章 純資産の会計処理

第7章 決算

第8章 予算と決算

巻末

本書で初めて社会福祉法人の会計を学ぶ人のために、２～８ページで社会福祉法人についての概要も説明していますが、この部分はざっくり読む程度で構いません。

会計３級で既に社会福祉法人の会計を学んだ人は、４、５ページの内容を読んでいただいた後、９ページから学習を始めて頂いて大丈夫です。

第0章

社会福祉法人会計

❶ 社会福祉法人とは
❷ 社会福祉法人の会計制度の変遷
❸ 社会福祉法人の会計基準
❹ 会計原則

皆さんのまわりに老人ホームはありませんか？
また、その老人ホームの種類は何ですか？
多くの方は、「えっ、老人ホームに種類があるの？」と思われることでしょう。
実は老人ホームには様々な種類があり、その中に、国や地方公共団体、そして『社会福祉法人』にしか運営できない「特別養護老人ホーム」があります。
社会福祉法人は営利を追及する民間企業とは異なり、国や地方公共団体からの補助金や、寄附金を基に運営されています。もし、社会福祉法人が補助金や寄附金を使って、先物に投機などして損失を計上し倒産してしまったら、利用者は大迷惑です。
このようなことにならないように、社会福祉法人には、資金支出の透明性や、倒産しないような財政基盤の強化が求められています。

社会福祉法人とは

社会福祉法人とは

社会福祉事業を行うことを目的として、設立された法人を社会福祉法人といいます。

また、社会福祉事業は**「利用者が自分の力で日常生活を送れるようにするための事業」**のことであり、利用者の保護の必要性が高い**第一種社会福祉事業**と、第一種社会福祉事業よりも利用者の保護の必要性が低い**第二種社会福祉事業**があります。

社会福祉法人の設立には、社会福祉法の要件を満たす必要があります。

第一種社会福祉事業は、**経営が安定している必要があることから**、都道府県知事などによる指導・監督を受け、**原則として国や地方公共団体と社会福祉法人しか経営することができません。**

他方、**第二種社会福祉事業**には、このような事業主体に関する制約がないため、株式会社などでも行うことができますが、都道府県知事（指定都市市長または中核市市長）への届け出は必要になります。

また、社会福祉法人は、その経営する社会福祉事業に支障がない限り公益事業や収益事業も行うことができます。

point

社会福祉事業

一種
- 特別養護老人ホーム
- 児童養護施設
- 障害者支援施設
- 救護施設 等

利用者の保護を行う施設を運営
<経営主体>
行政及び**社会福祉法人**に限定

二種
- 保育所
- 訪問介護
- デイサービス
- ショートステイ 等

在宅生活を支えるサービスを行う
<経営主体>
制限はありません

公益事業
- 子育て支援事業
- 入浴、排せつ、食事等の支援事業
- 介護予防事業、有料老人ホーム、老人保健施設の経営
- 人材育成事業
- 行政や事業者等の連絡調整事業

収益事業
- 貸ビル、駐車場、公共的な施設内の売店の経営

社会福祉法人のメリット

社会福祉法人は、次に示す3つの支援・助成を受けることができます。

① 社会福祉施設利用者の福祉向上を目的として、**施設整備を取得するさいに一定額の補助**を受けることができる。

② 社会福祉事業の公益性が高いため、**法人税・固定資産税・寄附等についての税制優遇措置**が受けられる。

③ 社会福祉事業の振興を目的として、**社会福祉施設職員等を対象に国家公務員の給付水準に準拠した退職金制度**が設けられている。

資金使途制限

社会福祉法人は様々な優遇措置を受けることができる一方で、特有の規制もあります。特に「**資金の使途制限**」や「**資金の法人外流出の禁止**」といった、資金の使途に関しては非常に厳しく制限されています。

社会福祉法人は、その経営する社会福祉事業に支障がない限り、公益を目的とする事業（以下「公益事業」という。）又はその収益を社会福祉事業若しくは公益事業（第二条第四項第四号に掲げる事業その他の政令で定めるものに限る。第五十七条第二号において同じ。）の経営に充てることを目的とする事業（以下「収益事業」という。）を行うことができるとされています。(**社会福祉法第 26 条**)

つまり、収益事業はあくまでも社会福祉事業や公益事業のための事業であり、収益事業で得た収益（利益）は、社会福祉事業や公益事業の運営に充てることが前提とされています。逆に、社会福祉事業や公益事業の資金を収益事業への経営に充てることは、本末転倒になってしまい、認められていません。また、すべての事業において、法人外への資金の支出は認められていません。

資金使途制限イメージ

社会福祉事業	公 益 事 業	収 益 事 業
○ ←	○ ←	10,000 10,000 10,000
○ ←	10,000 →	×
10,000 10,000 10,000 →	○	×

社会福祉法人の資金使途については、事業ごとに通知が出されていますが、会計２級ではおもに「介護保険サービス事業」及び「障害福祉サービス事業」の資金使途についてみていきます。

資金の運用

介護福祉施設や障害福祉施設は、利用者へのサービスを提供した対価として報酬を受け取ります。そしてこの報酬は施設を運営していく上での主たる財源となっています。そのため、運営に必要な経費などの資金の使途については原則として制限はありません。

ただし、次に掲げる経費には充てることができません。

①　当該法人が経営する収益事業に要する経費
②　当該法人外への流出（貸付を含む）
③　高額な役員報酬など、実質的な「剰余金の配当」と認められる経費

資金の繰入れ

資金の繰入れについては、健全な施設運営を確保するため運営する施設の事業活動資金収支差額に資金残高が生じ、かつ、当期資金収支差額に資金不足が生じない範囲内において、他の社会福祉事業または公益事業への資金の繰入れが認められています。

また、当該法人が営む同じ種別の社会福祉事業（介護から介護、障害から障害）への繰入れについては、当期末支払資金残高に資金不足が生じない範囲内において繰り入れることができます。

資金使途制限は事業ごとに異なっています。各事業の細かい内容は「経営管理　ガバナンス編」で説明しています。

細かい言葉にとらわれず、ザ〜と一読してみよう！

2 社会福祉法人の会計制度の変遷

基礎的な知識として、1951年（昭和26年）に社会福祉事業法（現在の社会福祉法）が制定されてから現在に至るまでの法制度、会計制度の変遷を見ておきましょう。

1951年：社会福祉事業法の施行

社会福祉事業として、行政が公的責任において、ニーズの判定、サービスの提供内容、費用負担などを決定し、社会福祉法人などに委託して、社会福祉サービスの利用者にサービスを給付する**措置委託制度**（そちいたく）が採用されました。

社会福祉法人は、公金を受け入れて行うことから収支を明確にする必要があり（目的外支出は厳禁）、単式簿記による収支報告が重視されるようになりました。

point 措置委託制度

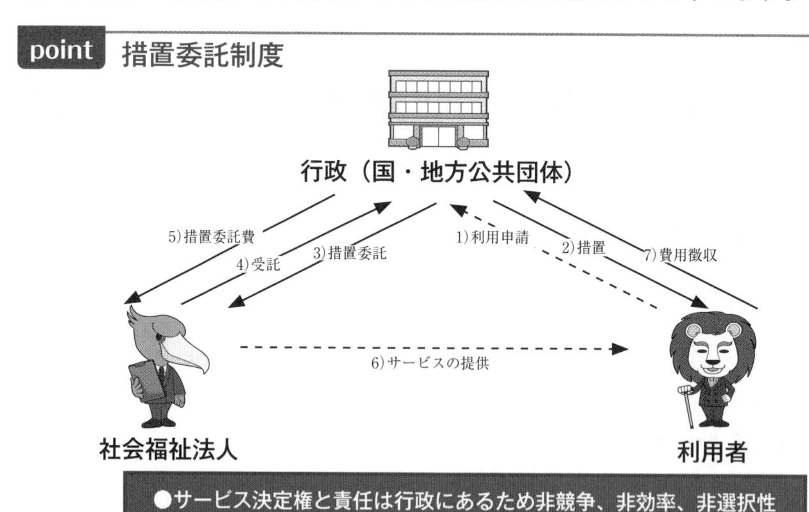

この時代は、経営努力をしてサービスの利用者を獲得する必要はありませんでした。

1976年：経理規程準則の制定

複式簿記の導入により、**貸借対照表、（資金）収支計算書**の財務2表の作成が要求されるようになりました。

2000年：介護保険制度の導入

これまでの措置委託制度に代えて、**出来高請求**（サービスを提供した分を保険に請求する）**介護保険制度**が導入されるとともに、**「経理規程準則」**が改められ、**旧会計基準**が制定されました。

旧会計基準により、**減価償却制度が導入**されるとともに、貸借対照表、（資金）収支計算書に加え、**事業活動収支計算書**（現在の**事業活動計算書**）の作成が要求されるようになりました。

競争原理が働く中、経営努力をして、よいサービスを提供しないと利用者を獲得できない状況となりました。

2011年：新会計基準公表（強制施行は2015年）

これまで、旧会計基準以外に施設の種類に合わせた様々な会計基準が存在していたのを、**新会計基準に一本化**し、**資金の増減や事業活動の採算の比較ができる**ようになりました。

一般企業の会計で導入されている会計処理（1年基準、リース会計、減損会計、税効果会計など）も導入され、一般企業との比較も容易になりました。

2016年：社会福祉法の大改正

経営組織の見直し、事業運営の透明性の向上、財務規律の強化などが行われるとともに、新会計基準が**『社会福祉法人会計基準』**として**厚生労働省令として交付**されました。

自法人のホームページや**WAMNET（ワムネット）**による**公表制度**が導入されました。

法令化により、違反した場合は法令違反となります。
また、WAMNETでは、ほぼすべての社会福祉法人の決算書が閲覧できます。

この後も改正は行われ、2020年には、社会福祉法人の大規模化を促す「合併・事業譲渡等マニュアル」も公表されています。

3 社会福祉法人の会計基準

会計基準とは

会計基準とは、会計情報を作成する側と、その会計情報を利用する側とのルールをいいます。会計基準にのっとった会計処理を行うことによって、会計情報は信頼でき、他の法人との比較ができるものになります。

会計基準は企業、非営利組織であるNPO法人、政府などの様々な組織に応じたものがあり、社会福祉法人にも固有の会計基準があります。

社会福祉法人会計基準

社会福祉法人が準拠すべき会計の基準については、「**会計基準省令**（社会福祉法人会計基準）」によって、次のように規定されています。

> 会計基準省令
>
> **（第１章　総則）**
>
> **第１条**　社会福祉法人は、この省令で定めるところに従い、会計処理を行い、会計帳簿、計算書類（貸借対照表及び収支計算書をいう。以下同じ。）、その附属明細書及び財産目録を作成しなければならない。
>
> **２**　社会福祉法人は、この省令に定めるもののほか、一般に公正妥当と認められる社会福祉法人会計の慣行を斟酌（しんしゃく）しなければならない。
>
> **３**　この省令の規定は、社会福祉法人が行う全ての事業に関する会計に適用する。

＊斟酌（しんしゃく）：あれこれ照らし合わせて取捨すること。

また、**「会計基準省令」**の本文を補足するために、下記の2つの通知が発出されています。

① **「社会福祉法人会計基準の制定に伴う会計処理等に関する運用上の取扱いについて」**

本書では**「運用上の取扱い」（局長通知）**と記載します。

② **「社会福祉法人会計基準の制定に伴う会計処理等に関する運用上の留意事項について」**

本書では**「運用上の留意事項」（課長通知）**と記載します。

「会計基準省令」と、**「運用上の取扱い」（局長通知）**および**「運用上の留意事項」（課長通知）**の関係を図で表すと以下のようになります。

point 社会福祉法人会計基準の構成

■社会福祉法人会計基準は、「会計基準省令」と一般に公正妥当と認められる社会福祉法人会計の慣行を記載した通知（「運用上の取扱い」、「運用上の留意事項」）によって構成される。

社会福祉法人会計基準省令

- 会計基準の目的や一般原則等、会計ルールの基本原則を定めるもの。
- 計算書類の様式、勘定科目を規定

社会福祉法人会計基準の制定に伴う会計処理等に関する運用上の取扱いについて（局長通知）

- 基準省令の解説
- 附属明細書及び財産目録の様式を規定

社会福祉法人会計基準の制定に伴う会計処理等に関する運用上の留意事項について（課長通知）

- 基準省令及び運用上の取扱いでは定めていない一般に公正妥当と認められる社会福祉法人会計の慣行
- 各勘定科目の説明を規定

※なお、上記通知に加え事務連絡も省令の補足として発出されています。

資料：厚生労働省

また、「会計基準省令」はすべての社会福祉法人に適用される会計基準ですが、それぞれの法人の特殊性により、使用する具体的な勘定科目などは異なることがあります。そのため、各法人は管理組織を確立し、自らの組織に則した会計処理ルールを「**経理規程**」として定めることとされています。

組織に則した会計処理ルールとなる「**経理規程**」については、「**運用上の留意事項**」（**課長通知**）において、次のように通知されています。

運用上の留意事項

（課長通知）

1　管理組織の確立

(1)　法人における予算の執行及び資金等の管理に関しては、あらかじめ運営管理責任者を定める等法人の管理運営に十分配慮した体制を確保すること。

また、内部牽制に配意した業務分担、自己点検を行う等、適正な会計事務処理に努めること。

(2)　会計責任者については理事長が任命することとし、会計責任者は取引の遂行、資産の管理及び帳簿その他の証憑書類の保存等会計処理に関する事務を行い、又は理事長の任命する出納職員にこれらの事務を行わせるものとする。

(3)　（省略）

(4)　法人は、上記事項を考慮し、会計基準省令に基づく適正な会計処理のために必要な事項について**経理規程**を定めるものとする。

「会計基準」、「会計の慣行」、「経理規程」の関係は次のようになります。

point 「会計基準」、「会計の慣行」、「経理規程」の関係

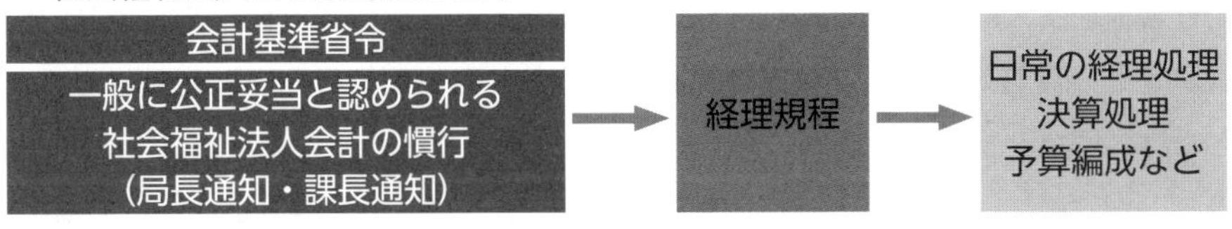

社会福祉法人の会計基準の適用範囲は、社会福祉法人が行うすべての事業に関する会計に適用され、公益事業や収益事業も適用対象となります。

4 会計原則

社会福祉法人会計の会計原則

会計基準省令において、社会福祉法人の場合、4つの会計原則が定められています。これは、企業会計では「一般原則」と称されるものに相当します。

会計基準省令

（会計原則）

第2条 社会福祉法人は、次に掲げる原則に従って、会計処理を行い、計算書類及びその附属明細書（以下「計算関係書類」という。）並びに財産目録を作成しなければならない。

一 計算書類は、資金収支及び純資産の増減の状況並びに資産、負債及び純資産の状態に関する真実な内容を明瞭に表示すること。

二 計算書類は、正規の簿記の原則に従って正しく記帳された会計帳簿に基づいて作成すること。

三 採用する会計処理の原則及び手続並びに計算書類の表示方法については、毎会計年度継続して適用し、みだりにこれを変更しないこと。

四 重要性の乏しいものについては、会計処理の原則及び手続並びに計算書類の表示方法の適用に際して、本来の厳密な方法によらず、他の簡便な方法によることができること。

社会福祉法人は、この省令の定めるところに従い、会計処理を行って、会計帳簿、**計算書類**（**貸借対照表**及び**収支計算書**をいう。）、附属明細書及び財産目録を作成しなければなりません。

（**会計基準省令 第1条 社会福祉法人会計の基準**）

また、社会福祉法人は、第2条の会計原則に従って**計算関係書類**（計算書類及び附属明細書）並びに財産目録を作成しなければなりません。

（**会計基準省令 第2条 会計原則**）

会計原則の解釈

会計基準省令の4原則は以下のように解釈します。

①「真実性の原則」と「明瞭性の原則」会計基準省令第２条一

「真実性の原則」は、計算書類が真実な報告であることを求める原則であり、「明瞭性の原則」は計算書類をわかりやすい表示方法で表示し、また採用した会計処理の原則や手続きを明らかにすることを求める原則です。

②「正規の簿記の原則」会計基準省令第２条二

正確な会計帳簿を作成し、その会計帳簿にもとづいて、計算書類を作成することを求める原則です。また、この原則は、正確な会計帳簿から誘導して計算書類を作成すること（誘導法による計算書類の作成）も要請しています。

③「継続性の原則」会計基準省令第２条三

1つの会計事実について、例えば減価償却の方法として「定額法」と「定率法」があるように、2つ以上の会計処理の原則や手続きが認められている場合、そのうちの1つを採用したならば、**正当な理由がない限り**、原則として、毎期継続して適用しなければならないという原則です。

④「重要性の原則」会計基準省令第２条四

重要性の高いものは厳密な会計処理、明瞭な表示によることを要請し、重要性の乏しいものは簡便な会計処理や表示を認めるという原則です。

会計原則は語群選択の問題でよく出題されますので、条文をしっかりと読み込んでおきましょう。

なお、重要性の原則の適用においては、経理規程またはその細則においてあらかじめ重要性の基準を定めておく必要があります。

運用上の取扱い

（局長通知）

1　重要性の原則の適用について

（会計基準省令第２条第１項第４号関係）

重要性の原則の適用例としては、次のようなものがある。

(1)　消耗品、貯蔵品等のうち、重要性が乏しいものについては、その買入時又は払出時に費用として処理する方法を採用することができる。

(2)　保険料、賃借料、受取利息配当金、借入金利息、法人税等にかかる前払金、未払金、未収金、前受金等のうち重要性の乏しいもの、または毎会計年度経常的に発生しその発生額が少額なものについては、前払金、未払金、未収金、前受金等を計上しないことができる。

(3)　引当金のうち、重要性の乏しいものについては、これを計上しないことができる。

(4)　取得価額と債券金額との差額について重要性が乏しい満期保有目的の債券については、償却原価法を適用しないことができる。

(5)　ファイナンス・リース取引について、取得したリース物件の価額に重要性が乏しい場合、通常の賃貸借取引に係る方法に準じて会計処理を行うことができる。

(6)　法人税法上の収益事業に係る課税所得の額に重要性が乏しい場合、税効果会計を適用しないで、繰延税金資産又は繰延税金負債を計上しないことができる。

なお、財産目録の表示に関しても重要性の原則が適用される。

会計帳簿

会計帳簿には計算書類の根拠となる取引を記載します。発生したすべての取引について、証憑に基づいて一定のルールに従い記帳することが求められています。

> 会計基準省令
>
> **第2章　会計帳簿**
>
> **（会計帳簿の作成）**
>
> **第3条**　社会福祉法第45条の24第1項の規定により社会福祉法人が作成すべき会計帳簿に付すべき資産、負債及び純資産の価額その他会計帳簿の作成に関する事項については、この章の定めるところによる。

総額表示

貸借対照表で債権債務を相殺して表示したり、資金収支計算書で収入と支出を相殺して表示してしまうと、法人全体の財産や負債の額、活動から生じた収入がいくらあって、支出がいくらあったのかが判明しません。そのため、基準では原則として総額での表示を求めています。

これを「**総額主義の原則**」と呼び、「**明瞭性の原則**」の一部を構成しています。

> 会計基準省令
>
> **第1章　総則**
>
> **（総額表示）**
>
> **第2条の2**　計算関係書類及び財産目録に記載する金額は、原則として総額をもって表示しなければならない。

金額の表示単位

計算関係書類及び財産目録の記載に当たり、会計基準では**1円単位**で表示することを求めています。

> 会計基準省令
>
> **第1章　総則**
>
> **(金額の表示の単位)**
>
> **第2条の3**　計算関係書類及び財産目録に記載する金額は、1円単位をもって表示するものとする。

第1章

社会福祉法人の計算書類

会計２級では、実際に計算書類の作成までを学習します（第７章参照）。
その前に、この章では計算書類間の関係性をしっかりと理解しましょう。

・事業活動計算書と貸借対照表の関係
・資金収支計算書と貸借対照表の関係

この関係をしっかりと意識しておくことで、後に学習する計算書類の作成についても理解が深まります。

5 貸借対照表

貸借対照表の様式

まずは、貸借対照表についての会計基準を見てみましょう。

会計基準省令

第3章　計算関係書類　第4節　貸借対照表

（貸借対照表の内容）

第25条　貸借対照表は、当該会計年度末現在における全ての資産、負債、及び純資産の状態を明瞭に表示するものでなければならない。

（貸借対照表の区分）

第26条　貸借対照表は、資産の部、負債の部及び純資産の部に区分し、更に資産の部は流動資産及び固定資産に、負債の部は流動負債及び固定負債に区分しなければならない。

2　純資産の部は、基本金、国庫補助金等特別積立金、その他の積立金及び次期繰越活動増減差額に区分するものとする。

（貸借対照表の種類及び様式）

第27条　法人単位貸借対照表は、法人全体について表示するものとする。

2　貸借対照表内訳表及び事業区分貸借対照表内訳表は、事業区分の情報を表示するものとする。

3　拠点区分貸借対照表は、拠点区分別の情報を表示するものとする。

4　第１項から前項までの様式は、第３号第１様式から第４様式までのとおりとする。

社会福祉法人の貸借対照表の様式は次のようになります。

第三号第一様式（第二十七条第四項関係）

法人単位貸借対照表

令和　年　月　日現在

（単位：円）

資産の部				負債の部			
	当年度末	前年度末	増減		当年度末	前年度末	増減
流動資産				流動負債			
現金預金				短期運営資金借入金			
有価証券				事業未払金			
事業未収金				その他の未払金			
未収金				支払手形			
未収補助金				役員等短期借入金			
未収収益				1年以内返済予定設備資金借入金			
受取手形				1年以内返済予定長期運営資金借入金			
貯蔵品				1年以内返済予定リース債務			
医薬品				1年以内返済予定役員等長期借入金			
診療・療養費等材料				1年以内支払予定長期未払金			
給食用材料				未払費用			
商品・製品				預り金			
仕掛品				職員預り金			
原材料				前受金			
立替金				前受収益			
前払金				仮受金			
前払費用				賞与引当金			
1年以内回収予定長期貸付金				その他の流動負債			
短期貸付金							
仮払金							
その他の流動資産							
徴収不能引当金	△×××	△×××					
固定資産				固定負債			
基本財産				設備資金借入金			
土地				長期運営資金借入金			
建物				リース債務			
建物減価償却累計額	△×××	△×××		役員等長期借入金			
定期預金				退職給付引当金			
投資有価証券				役員退職慰労引当金			
				長期未払金			
その他の固定資産				長期預り金			
土地				退職共済預り金			
建物				その他の固定負債			
構築物							
機械及び装置							
車輌運搬具							
器具及び備品				負債の部合計			
建設仮勘定				純資産の部			
有形リース資産				基本金			
（何）減価償却累計額	△×××	△×××		国庫補助金等特別積立金			
権利				その他の積立金			
ソフトウェア				（何）積立金			
無形リース資産				次期繰越活動増減差額			
投資有価証券				（うち当期活動増減差額）			
長期貸付金							

退職給付引当資産 長期預り金積立資産 退職共済事業管理資産 （何）積立資産 差入保証金 長期前払費用 その他の固定資産 徴収不能引当金	△×××	△×××					
				純資産の部合計			
資産の部合計				負債及び純資産の部合計			

※　本様式は、勘定科目の大区分及び中区分を記載するが、必要のない中区分の勘定科目は省略することができる。
※　勘定科目の中区分についてはやむを得ない場合、適当な科目を追加できるものとする。

社会福祉法人の貸借対照表の特徴

社会福祉法人の貸借対照表には次の特徴があります。

1．固定資産の区分と内容

固定資産は、受け入れた**基本金や国庫補助金などで取得した、維持すべき資産**である「**基本財産**」と、それ以外の「**その他の固定資産**」に区分されています。

2．純資産の区分と内容

純資産の区分には、**外部から受け入れた**「**基本金**」の他に、**国や地方から受け入れた**「**国庫補助金等特別積立金**」、さらに、社会福祉法人として**活動した結果、当期末に残ったものを表す**「**次期繰越活動増減差額**」といった科目が表示されています。

6 事業活動計算書

事業活動計算書とは

社会福祉法人の事業活動計算書は、日々の事業活動の成果を報告する書類です。また、この事業活動の成果は貸借対照表の純資産の増加または減少の要因となります。

> 会計基準省令
>
> **第３章　計算関係書類　第３節　事業活動計算書**
>
> **（事業活動計算書の内容）**
>
> **第19条**　事業活動計算書は、当該会計年度における全ての純資産の増減の内容を明瞭に表示するものでなければならない。

事業活動計算書の区分

事業活動計算書は、以下の３つに区分され、それぞれに該当する収益と費用が記載されます。

１．サービス活動増減の部

社会福祉事業の対象者に対する、サービスの提供に関する収益と費用が計上される区分です。

具体的には、**社会福祉事業によって得た収益**と、人件費、事業費、事務費といった**サービスを提供するために直接的にかかる費用**が計上され、その結果としてサービス活動増減差額が計算されます。

２．サービス活動外増減の部

収益であれば受取利息や配当金、費用であれば支払利息など、**サービス活動の**

提供に直接的には関係しない収益と費用が計上され、結果として**経常増減差額**が計算されます。

3．特別増減の部

経常的でない、**臨時的**な収益と費用が計上される区分です。

具体的には、収益であれば、**施設整備等補助金収益**や**固定資産受贈額**など、費用であれば、**固定資産売却損・処分損**、さらには基本金を組み入れる際には**基本金組入額**といった、実質的には費用でないものも記載されます。

この結果、当期のすべての活動による純資産の増減額を表す**当期活動増減差額**が計算されます。

4．繰越活動増減差額の部

社会福祉法人が１年間活動した結果としての**当期活動増減差額**が計算され、この当期活動増減差額に**前期繰越活動増減差額**を加算することで、**当期末繰越活動増減差額**が計算されます。

また、当期中に基本金の取崩しやその他の積立金の積立及び取崩を行った場合には、当期末繰越活動増減差額に加算、減算して最終的に**次期繰越活動増減差額**を計算します。

ここで計算された**次期繰越活動増減差額**は、**貸借対照表の純資産の部に記載される金額**となります。

> 会計基準省令
>
> **第３章　計算関係書類　第３節　事業活動計算書**
>
> **（事業活動計算の方法）**
>
> **第20条**　事業活動計算は、当該会計年度における純資産の増減に基づいて行うものとする。
>
> **２**　事業活動計算を行うに当たっては、事業区分、拠点区分又はサービス区分ごとに、複数の区分に共通する収益及び費用を合理的な基準に基づいて当該区分に配分するものとする。

（事業活動計算書の区分）

第21条 事業活動計算書は、次に掲げる部に区分するものとする。

一 サービス活動増減の部

二 サービス活動外増減の部

三 特別増減の部

四 繰越活動増減差額の部

（事業活動計算書の構成）

第22条 前条第一号に掲げる部には、サービス活動による収益及び費用を記載し、同号に掲げる部の収益から費用を控除した額をサービス活動増減差額として記載するものとする。この場合において、サービス活動による費用には、減価償却費等の控除項目として国庫補助金等特別積立金取崩額を含めるものとする。

2 前条第二号に掲げる部には、受取利息配当金収益、支払利息、有価証券売却益、有価証券売却損その他サービス活動以外の原因による収益及び費用であって経常的に発生するものを記載し、同号に掲げる部の収益から費用を控除した額をサービス活動外増減差額として記載するものとする。

3 事業活動計算書には、第１項のサービス活動増減差額に前項のサービス活動外増減差額を加算した額を経常増減差額として記載するものとする。

4 前条第三号に掲げる部には、第６条第１項の寄附金及び国庫補助金等の収益、基本金の組入額、国庫補助金等特別積立金の積立額、固定資産売却等に係る損益その他の臨時的な損益（金額が僅少なものを除く。）を記載し、同号に掲げる部の収益から費用を控除した額を特別増減差額として記載するものとする。この場合において、国庫補助金等特別積立金を含む固定資産の売却損又は処分損を記載する場合には、特別費用の控除項目として国庫補助金等特別積立金取崩額を含めるものとする。

5 事業活動計算書には、第３項の経常増減差額に前項の特別増減差額を加算した額を当期活動増減差額として記載するものとする。

6 前条第四号に掲げる部には、前期繰越活動増減差額、基本金取崩額、その他の積立金積立額及びその他の積立金取崩額を記載し、前項の当期活動増減差額にこれらの額を加減した額を次期繰越活動増減差額として記載するものとする。

事業活動計算書の様式

事業活動計算書の様式は次のようになります。

第二号第一様式（第二十三条第四項関係）

法人単位事業活動計算書

（自）令和　年　月　日　（至）令和　年　月　日

（単位：円）

		勘定科目	当年度決算(A)	前年度決算(B)	増減(A)-(B)
サービス活動増減の部	収益	介護保険事業収益			
		老人福祉事業収益			
		児童福祉事業収益			
		保育事業収益			
		就労支援事業収益			
		障害福祉サービス等事業収益			
		生活保護事業収益			
		医療事業収益			
		退職共済事業収益			
		（何）事業収益			
		（何）収益			
		経常経費寄附金収益			
		その他の収益			
		サービス活動収益計(1)			
	費用	人件費			
		事業費			
		事務費			
		就労支援事業費用			
		授産事業費用			
		退職共済事業費用			
		（何）費用			
		利用者負担軽減額			
		減価償却費			
		国庫補助金等特別積立金取崩額	△×××	△×××	
		徴収不能額			
		徴収不能引当金繰入			
		その他の費用			
		サービス活動費用計（2）			
	サービス活動増減差額（3）=(1)－（2）				
サービス活動外増減の部	収益	借入金利息補助金収益			
		受取利息配当金収益			
		有価証券評価益			
		有価証券売却益			
		基本財産評価益			
		投資有価証券評価益			
		投資有価証券売却益			
		積立資産評価益			
		その他のサービス活動外収益			
		サービス活動外収益計(4)			
	費用	支払利息			
		有価証券評価損			
		有価証券売却損			
		基本財産評価損			
		投資有価証券評価損			
		投資有価証券売却損			
		積立資産評価損			
		その他のサービス活動外費用			
		サービス活動外費用計(5)			
	サービス活動外増減差額(6)=(4)-（5）				
経常増減差額(7)=(3)+(6)					

区分		勘定科目			
特別増減の部	収益	施設整備等補助金収益			
		施設整備等寄附金収益			
		長期運営資金借入金元金償還寄附金収益			
		固定資産受贈額			
		固定資産売却益			
		その他の特別収益			
		特別収益計（８）			
	費用	基本金組入額			
		資産評価損			
		固定資産売却損・処分損			
		国庫補助金等特別積立金取崩額（除却等）	△×××	△×××	
		国庫補助金等特別積立金積立額			
		災害損失			
		その他の特別損失			
		特別費用計（９）			
	特別増減差額(10)＝（８）－（９）				
当期活動増減差額(11)＝(7)＋(10)					
繰越活動増減差額の部	前期繰越活動増減差額(12)				
	当期末繰越活動増減差額(13)＝(11)＋(12)				
	基本金取崩額(14)				
	その他の積立金取崩額(15)				
	その他の積立金積立額(16)				
	次期繰越活動増減差額(17)＝(13)＋(14)＋(15)－(16)				

※　本様式は、勘定科目の大区分のみを記載するが、必要のないものは省略することができる。ただし追加・修正はできないものとする。

7 資金収支計算書

資金収支計算書とは

支払資金の増減の状況を報告する計算書です。

> 会計基準省令
>
> **第3章　計算関係書類　第2節　資金収支計算書**
>
> **（資金収支計算書の内容）**
>
> **第12条**　資金収支計算書は、当該会計年度における全ての支払資金の増加及び減少の状況を明瞭に表示するものでなければならない。

資金の範囲

資金収支計算書に記載される「**支払資金**」の範囲について、基準では以下のように規定しています。

> 会計基準省令
>
> **第3章　計算関係書類　第2節　資金収支計算書**
>
> **（資金収支計算書の資金の範囲）**
>
> **第13条**　支払資金は、流動資産及び流動負債（経常的な取引以外の取引によって生じた債権又は債務のうち貸借対照表日の翌日から起算して１年以内に入金又は支払の期限が到来するものとして固定資産又は固定負債から振り替えられた流動資産又は流動負債、引当金及び棚卸資産（貯蔵品を除く。）を除く。）とし、支払資金残高は、当該流動資産と流動負債との差額とする。

この規定によると、支払資金の定義としてまずは「流動資産および流動負債」としています。そして、「流動資産と流動負債の差額」を支払資金残高としています。

ただし、すべての流動資産および流動負債が支払資金に含まれるわけではありません。

運用上の取扱い

局長通知

5　支払資金について（会計基準省令第13条関係）

資金収支計算書の支払資金とは、経常的な支払準備のために保有する現金及び預貯金、短期間のうちに回収されて現金又は預貯金になる未収金、立替金、有価証券等及び短期間のうちに事業活動支出として処理される前払金、仮払金等の流動資産並びに短期間のうちに現金又は預貯金によって決済される未払金、預り金、短期運営資金借入金等及び短期間のうちに事業活動収入として処理される前受金等の流動負債をいう。ただし、支払資金としての流動資産及び流動負債には、１年基準により固定資産又は固定負債から振替えられたもの、引当金並びに棚卸資産（貯蔵品を除く。）を除くものとする。支払資金の残高は、これらの流動資産と流動負債の差額をいう。

会計３級で学習した流動と固定を区分する正常営業循環基準、１年基準を思い出しておきましょう。

この規定を要約すると以下のようになります。

プラスの支払資金：貸借対照表の流動資産（下記①～③を除く）
①貯蔵品を除く製品・仕掛品などの棚卸資産
②徴収不能引当金
③１年以内回収予定の長期貸付金

マイナスの支払資金：貸借対照表の流動負債（下記②～③を除く）
②賞与引当金などの引当金
③１年以内返済予定の長期借入金

超 重要

支払資金残高 ＝ プラスの支払資金 － マイナスの支払資金

資金収支計算書の特徴

社会福祉法人は、期首に予算を立てて承認を得、期中はそれに基づいて実行し、決算では差異を把握するというサイクルで運営されます。

したがって資金収支計算書も、予算欄、決算欄、差異欄を縦に設けて、予算と決算を比較しやすくなっています。

また、**資金収支計算書**は**3つの区分に分けて表示**されます。

> **会計基準省令**
>
> **第3章　計算関係書類　第2節　資金収支計算書**
>
> **(資金収支計算書の区分)**
>
> **第15条**　資金収支計算書は、次に掲げる収支に区分するものとする。
>
> 一　事業活動による収支
>
> 二　施設整備等による収支
>
> 三　その他の活動による収支

社会福祉法人の資金収支計算書は、3つの区分に分かれ、それぞれに該当する収入と支出が記載されます。

1. 事業活動による収支

保育事業や老人福祉事業による収入、経常経費寄附金収入などの事業活動による収入と人件費支出、事業費支出、事務費支出といった事業活動に関わる支出が記載され、この差額として**事業活動資金収支差額**が計算されます。

事業活動収入に受取利息配当金収入が、事業活動支出に支払利息支出が含まれるのが事業活動計算書との違いです。

2. 施設整備等による収支

施設整備等補助金収入や施設整備等寄附金収入が記載され、固定資産取得支出や設備資金借入金元金償還支出といった支出も記載されます。

この差額として**施設整備等資金収支差額**が計算されます。

3．その他の活動による収支

長期運営資金借入金収入や、投資有価証券売却収入、積立資産取崩収入などの収入が記載され、長期運営資金借入金元金償還支出や投資有価証券取得支出、積立資産支出といった支出が記載されます。

この差額として**その他の活動資金収支差額**が計算されます。

上記3つの区分の収支差額を合計し、**当期資金収支差額合計**が計算されます。

資金収支計算書は、一般企業で作成されるキャッシュ・フロー計算書に相当することから、C/F と略されます。

資金収支計算書の様式

資金収支計算書は次のとおりです。

第一号第一様式（第十七条第四項関係）

法人単位資金収支計算書

（自）令和　年　月　日　（至）令和　年　月　日

（単位：円）

勘定科目			予算(A)	決算(B)	差異(A)-(B)	備考
事業活動による収支	収入	介護保険事業収入				
		老人福祉事業収入				
		児童福祉事業収入				
		保育事業収入				
		就労支援事業収入				
		障害福祉サービス等事業収入				
		生活保護事業収入				
		医療事業収入				
		退職共済事業収入				
		（何）事業収入				
		（何）収入				
		借入金利息補助金収入				
		経常経費寄附金収入				
		受取利息配当金収入				
		その他の収入				
		流動資産評価益等による資金増加額				
		事業活動収入計（1）				
	支出	人件費支出				
		事業費支出				
		事務費支出				
		就労支援事業支出				
		授産事業支出				
		退職共済事業支出				
		（何）支出				
		利用者負担軽減額				

		支払利息支出 その他の支出 流動資産評価損等による資金減少額				
		事業活動支出計(2)				
	事業活動資金収支差額(3)=(1)−(2)					
施設整備等による収支	収入	施設整備等補助金収入 施設整備等寄附金収入 設備資金借入金収入 固定資産売却収入 その他の施設整備等による収入				
		施設整備等収入計(4)				
	支出	設備資金借入金元金償還支出 固定資産取得支出 固定資産除却・廃棄支出 ファイナンス・リース債務の返済支出 その他の施設整備等による支出				
		施設整備等支出計(5)				
	施設整備等資金収支差額(6)=(4)−(5)					
その他の活動による収支	収入	長期運営資金借入金元金償還寄附金収入 長期運営資金借入金収入 役員等長期借入金収入 長期貸付金回収収入 投資有価証券売却収入 積立資産取崩収入 その他の活動による収入				
		その他の活動収入計(7)				
	支出	長期運営資金借入金元金償還支出 役員等長期借入金元金償還支出 長期貸付金支出 投資有価証券取得支出 積立資産支出 その他の活動による支出				
		その他の活動支出計(8)				
	その他の活動資金収支差額(9)=(7)−(8)					
予備費支出(10)			××× △×××]	—	×××	
当期資金収支差額合計(11)=(3)+(6)+(9)−(10)						

前期末支払資金残高(12)				
当期末支払資金残高(11)+(12)				

（注）予備費支出△×××円は（何）支出に充当使用した額である。

※　本様式は、勘定科目の大区分のみを記載するが、必要のないものは省略することができる。ただし追加・修正はできないものとする。

事業活動資金収支差額、施設整備等資金収支差額、その他の活動資金収支差差額の合計から予備費支出を差し引いて算定された「**当期資金収支差額合計**」に「**前期末支払資金残高**」を加えることで「**当期末支払資金残高**」を表示します。

B/Sの、上部にC/F、右下にP/L

8 B/S・P/L・C/Fの関係

貸借対照表、事業活動計算書、資金収支計算書

貸借対照表を中心に、事業活動計算書、資金収支計算書の関係を示すと次のようになります。

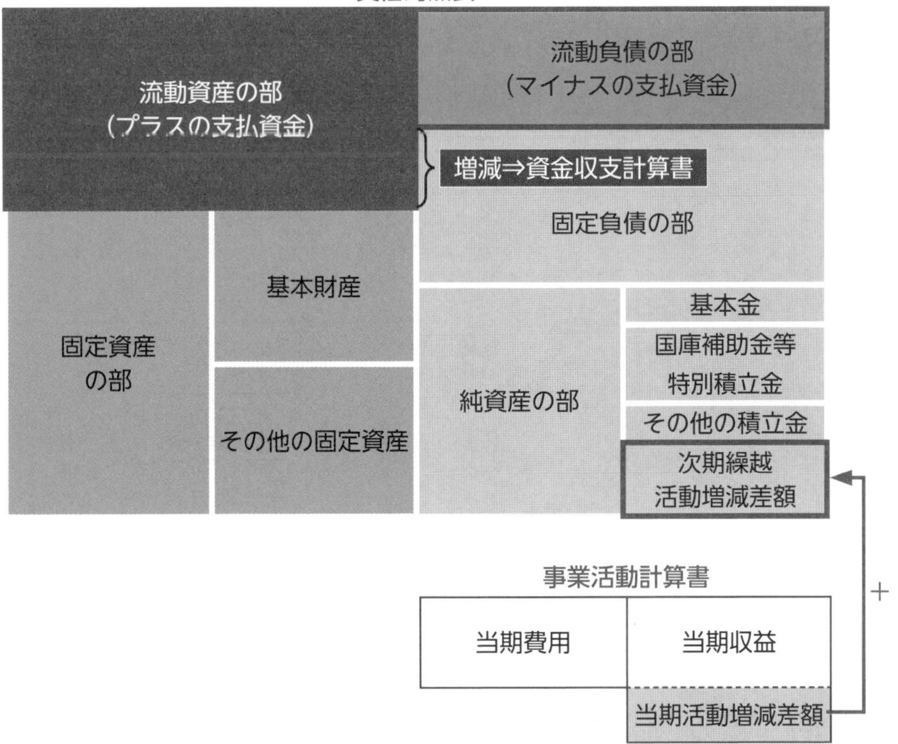

当期収益が当期費用を超えた部分が当期活動増減差額です。

貸借対照表と資金収支計算書の関係

貸借対照表の流動資産の中のプラスの支払資金部分と流動負債の中のマイナスの支払資金部分の増減を示すのが資金収支計算書になります。

貸借対照表と事業活動計算書の関係

貸借対照表の次期繰越活動増減差額の増加要因が収益、減少要因が費用となり、その純増減額（当期活動増減差額）が「次期繰越活動増減差額」として純資産に反映されます。

前ページの図を参考にしましょう！

9 会計の区分

会計の区分

1．事業区分

社会福祉法人では、**公益事業又は収益事業に関する会計**は、それぞれ当該社会福祉法人の行う社会福祉事業に関する会計から区分し、**特別の会計として経理**しなければなりません。

したがって、計算書類作成に関して、**事業区分**として、社会福祉事業、公益事業、収益事業に区分する必要があります。

2．拠点区分

1つの社会福祉法人が、複数の社会福祉施設を有している場合を考えてみましょう。例えば、ある社会福祉法人が、東京都新宿区と中央区の2か所で老人ホームを運営している場合、それぞれを**拠点**と認識して区別します。

1つの施設、事業所、または事務所として運営している拠点を、原則として予算管理の単位とします。社会福祉法人の会計では、法人が実施する事業の管理単位ごとに設ける会計区分のことを**拠点区分**といいます。

3．サービス区分

一つの拠点区分（例えば老人ホーム）であっても、その中で複数のサービス（例えば、入所型の特別養護老人ホームと通所型のデイケアサービス）が行われている場合は、それらをサービス区分とします。

サービス区分においては、資金収支計算書と事業活動計算書の作成は必要ですが、貸借対照表の作成は不要です。

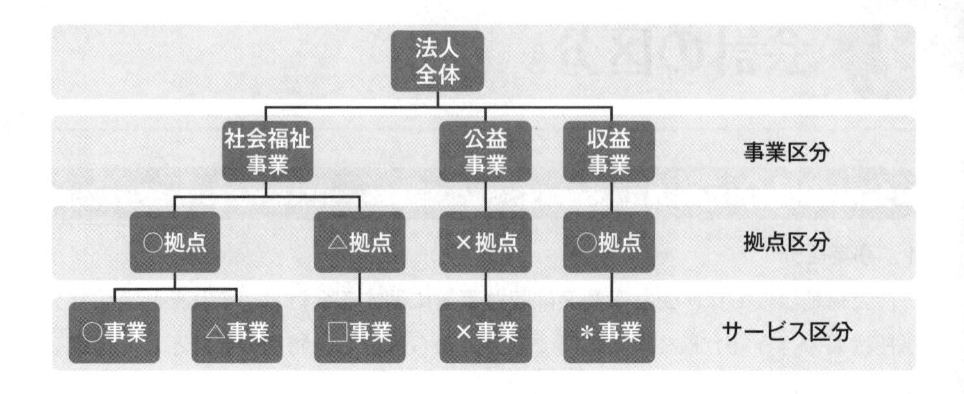

サービス区分の具体例としては、「介護保険事業」「障害福祉サービス事業」「保育事業」などがあります。

point

まず、拠点区分を意識しましょう！

次に、その拠点区分で複数のサービスを行っていれば、サービス区分を設けます。

最後に、その拠点区分の主要な事業が社会福祉事業であれば、事業区分を社会福祉事業とします（公益事業であれば公益事業、収益事業であれば収益事業とします）。

社会福祉法人の計算書類

確認テスト

答え：P.206

❶ 次の空欄に当てはまる適切な語句を記入しなさい

(1) 会計基準には、(　　　　　　) として流動資産と流動負債とが定義されている。ただし (　　　　　　) により固定資産又は固定負債から振り替えられた流動資産・流動負債、(　　　　　　) 並びに棚卸資産 (　　　　　　) を除くとされている。

第11・12・13回改題

(2) 会計基準に定められた「一般原則」のうち、「会計処理の原則及び手続並びに財務諸表の表示方法は、毎会計年度これを継続して適用し、みだりに変更してはならない」とされているものを、「(　　　　　　) の原則」という。

第10・12・14回出題

(3) 会計基準に定められた「一般原則」のうち、「(　　　　　　) の乏しいものについては、会計処理の原則及び手続並びに財務諸表の表示方法の適用に際して、本来の厳密な方法によらず、他の簡便な方法によることができる」とされているものを、「(　　　　　　) の原則」という。

第11・13回出題

(4) 会計基準では、計算書類に記載する金額は、千円単位で表示することが (　　　　　　　　　　)。

第13回出題

(5) 消耗品、貯蔵品等のうち、重要性が乏しいものについては、その (　　　　　　) に費用として処理する方法は、重要性の原則の適用例の一つである。

第15回出題

Column

深刻な2040年問題……

「**2040年問題**」という言葉をご存じでしょうか？

少子高齢化が進み、2040年には65歳以上の高齢者が4,000万人近くに達する見込みとなり、全人口の約36%が高齢者ということになります。

一方で少子化はどんどん進んでいて、2021年の出生数は81万人であり、ピーク時であった1970年代の出生数200万人から比較すると半分以下となってしまいました。

この現状を踏まえ、2040年には

- 社会保障費の財源不足
- 医療、福祉従事者の人材不足

といった深刻な問題が起こると予測されています。これがいわゆる「2040年問題」なのです。

この問題を解決するための方策の１つが「年金改革」です。

健康で元気な高齢者の方々には、積極的に就労を促し、年金を受取る側から納める側になってもらおう、ということですね。

皆さんも、某ハンバーガーショップで元気に働いていらっしゃる高齢者の方々を見かけたことがあるのではないでしょうか？　高齢者の方々がとても楽しそうに活き活きとお仕事をされているのを拝見してびっくりする気持ちと同時に、「自分も長く現役で頑張りたいなぁ……」と思います。

このような背景から、積極的に高齢者の再就職を受け入れている企業がどんどん増えているようです。

人生100年時代、そのうち「高齢者」の年齢の定義も変るかもしれませんね……。

まだまだ現役だぁ！！

第2章

収益・費用の会計処理

会計３級で学習した収益・費用の計上ですが、会計２級では新たに**少額物品の寄附の処理**や**就労支援の会計処理**といった内容を学習します。

いずれも社会福祉法人特有の処理ですが、補助金や寄附金には事業活動に係る補助金や寄附金と、固定資産の取得等に係る補助金や寄附金がありますので、場面をイメージして正しい処理ができるようにしっかりと学習しましょう。

10 事業収益の会計処理

事業収益とは

社会福祉法人は、福祉施設運営などの事業活動をする対価として、国や地方公共団体及び利用者からの報酬として収益を得ます。この報酬を**事業収益**といい、社会福祉法人が行う事業活動の種類に応じて適切な勘定科目を用いて仕訳します。

会計３級でも学習しましたが、事業収益の勘定科目には「○○**事業収益**」が多く使われています。「○○」には社会福祉法人が行っている事業をあてはめます。

例：老人福祉事業……老人福祉事業収益（収入）
　　保　育　事　業……保育事業収益（収入）

事業活動計算書項目の「○○収益」は資金収支計算書では「○○収入」と表示されます。

また、事業活動計算書の「○○費」は資金収支計算書では「○○支出」と表示されます。

point

計算書類の記載区分

「○○事業収益」：事業活動計算書　サービス活動増減の部
「○○事業収入」：資金収支計算書　事業活動による収支

取引　事業収益の計上

老人福祉事業に対する利用者負担金20,000円が、普通預金口座に振り込まれた。

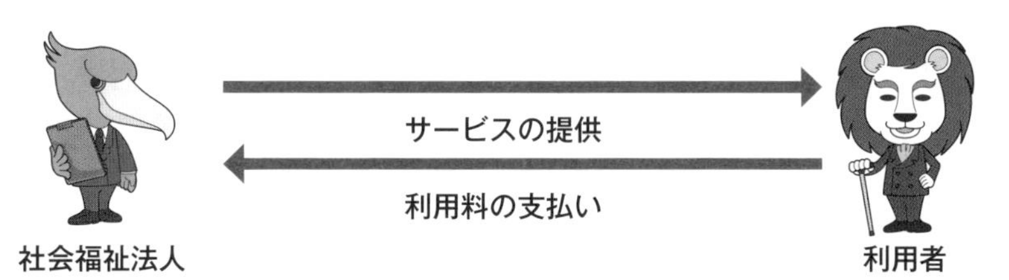

(借)	現金預金	20,000	(貸)	老人福祉事業収益	20,000

事業収益に計上される補助金

社会福祉法人では、**施設の運営費に対する補助金**や**借入金の利息に対する補助金**を国や地方公共団体から受け取ることがあります。

国や地方公共団体から、補助金の**交付決定通知を受け取ったとき**に「**○○事業収益**」として収益計上します。

取引　補助金の受け入れ

NS市より保育事業の運営費として、補助金1,000円の交付が決定した旨の通知を受けた。

補助金交付決定しました！

(借)	未収補助金	1,000	(貸)	保育事業収益	1,000

補助金交付の決定通知を受け取った場合、実際に補助金が入金されるまでは**「未収補助金（流動資産）」で処理をします。**

取引　補助金の入金

本日普通預金口座を確認したところ、以前に交付決定通知を受けていたNS市からの補助金1,000円が入金されていることを確認した。

普通預金口座
補助金 ¥1,000

(借) 現金預金	1,000	(貸) 未収補助金	1,000

補助金が振り込まれたら、**「未収補助金」**を取り消します。

少額寄附金・少額物品寄附

個人や民間企業、民間団体などから社会福祉法人に対して、施設の運営や施設整備等を目的として資金や物品の提供を受けることがあります。これを**「寄附」**といいます。

このうち、日常の施設運営に充てる目的で受け取った資金や物品は**「経常経費寄附金収益（収入）」**として処理をします。

point

計算書類の記載区分

「経常経費寄附金収益」：事業活動計算書　サービス活動増減の部
「経常経費寄附金収入」：資金収支計算書　事業活動による収支

運用上の留意事項

（課長通知）

9　寄附金の扱い

(2)　寄附物品については、取得時の時価により、経常経費に対する寄附物品であれば経常経費寄附金収入及び経常経費寄附金収益として計上する。土地などの支払資金の増減に影響しない寄附物品については、事業活動計算書の固定資産受贈額として計上するものとし、資金収支計算書には計上しないものとする。

ただし、当該物品が飲食物等で即日消費されるもの又は社会通念上受取寄附金として扱うことが不適当なものはこの限りではない。

なお、寄附金及び寄附物品を収受した場合においては、寄附者から寄附申込書を受けることとし、寄附金収益明細書（運用上の取扱い別紙3（②））を作成し、寄附者、寄附目的、寄附金額等を記載することとする。

取引　現金による寄附金の受け入れ

利用者の家族から、施設の運用費として、寄附金135円を現金で受け取った。

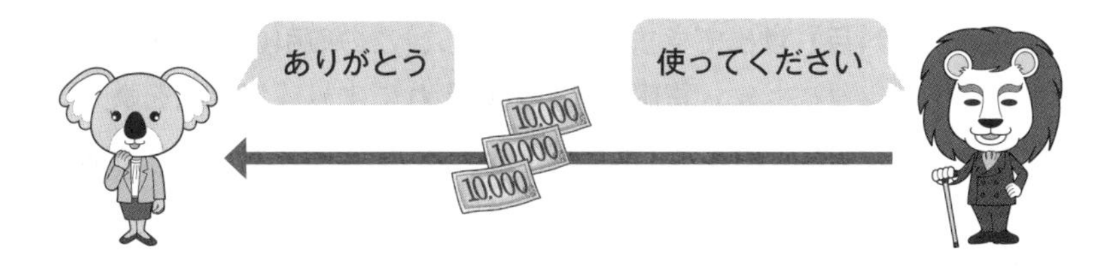

（借）現金預金	135	（貸）経常経費寄附金収益	135

取引 物品による寄附金の受け入れ

市内の民間企業から、ノートやボールペンなどの消耗品300円分を寄附として受け取った。

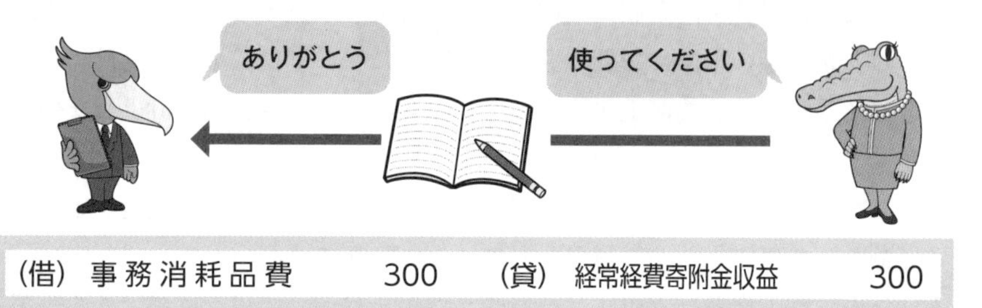

(借) 事務消耗品費	300	(貸) 経常経費寄附金収益	300

超重要

・少額物品寄附の資金収支計算書での取扱いについて

経常経費に対する寄附について、金銭で受け取った場合であれば流動資産である現金預金が増加するので資金収支計算書に計上しなくてはなりません。

一方、少額（時価10万円未満）の物品を寄附として受取った場合は、上記取引の仕訳からもわかるとおり**収益と費用の科目のみで資金科目**（流動資産または流動負債の科目）は出てきません。しかし、この取引は資金収支計算書に記載しなくてはなりません。寄附物品の受け入れにより「消耗品を購入するための資金を支払わなくて済んだ(支出のマイナス)」と考えればイメージしやすいでしょう。

国や地方公共団体からの援助は「補助金」
個人や民間団体からの援助は「寄附金」と覚えましょう。

事業費と事務費の違いは支出の目的です

11 事業費と事務費の会計処理

事業費と事務費

事業費とは、「社会福祉法人がサービスを提供するための直接的な費用（支出）」です。具体的には給食費や介護用品費、保育材料費などがあります。

事務費とは、「社会福祉法人を運営していくための費用（支出）」です。具体的には職員に対する研修研究費や福利厚生費などです。

取引 事業費の計上

給食用食材 15,000 円を購入し、代金は現金で支払った。

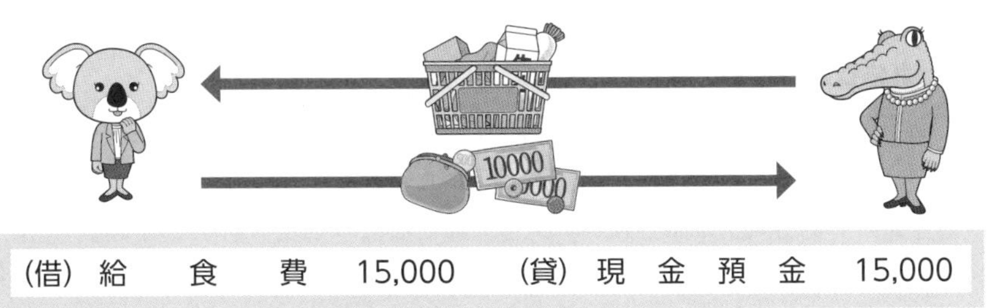

(借) 給　食　費	15,000	(貸) 現　金　預　金	15,000

取引 事務費の計上

事務用品を 100 円で購入し、代金は現金で支払った。

(借) 事務消耗品費	100	(貸) 現　金　預　金	100

point

計算書類の記載区分

「○○費」：事業活動計算書　サービス活動増減の部

「○○費支出」：資金収支計算書　事業活動による収支

事業費、事務費共通の科目について

「水道光熱費」、「燃料費」、「賃借料」、「保険料」については、事業費と事務費の両方で発生しますが、**原則は事業費**として処理をすることになっています。

運用上の留意事項

（課長通知）

13　共通支出及び費用の配分方法

（2）　事務費と事業費の科目の取扱について

「水道光熱費（支出）」、「燃料費（支出）」、「賃借料（支出）」、「保険料（支出）」については原則、事業費（支出）のみに計上できる。ただし、措置費、保育所運営費の弾力運用が認められないケースでは、事業費（支出）、事務費（支出）双方に計上するものとする。

措置費や保育所運営費など、弾力運用が認められないケースについては共通支出の金額を適切な基準（面積や職員数など）で事業費と事務費に配分します。

＊弾力運用：状況に応じて柔軟に運用すること。

総額と手取り額の違いは？

12 人件費の会計処理

人件費の主な勘定科目

常勤職員に対して支払われる、毎月の給与・手当は「**職員給料（費用）**」で処理し、賞与・一時金は「**職員賞与（費用）**」で処理します。また、**非常勤職員**に対して支払われる給与、手当および賞与は「**非常勤職員給与（費用）**」で処理します。

源泉徴収制度とは

職員に給料を支払うときに、職員の所得税の源泉徴収額と職員が負担する社会保険料を給料から天引きしていったん預かり、職員に代わって、社会福祉法人が国などへ納付する場合があります。

このような制度を**源泉徴収制度**といいます。

所得税の源泉徴収額や職員が負担する社会保険料を預かった場合、「**職員預り金（流動負債）**」で処理します。

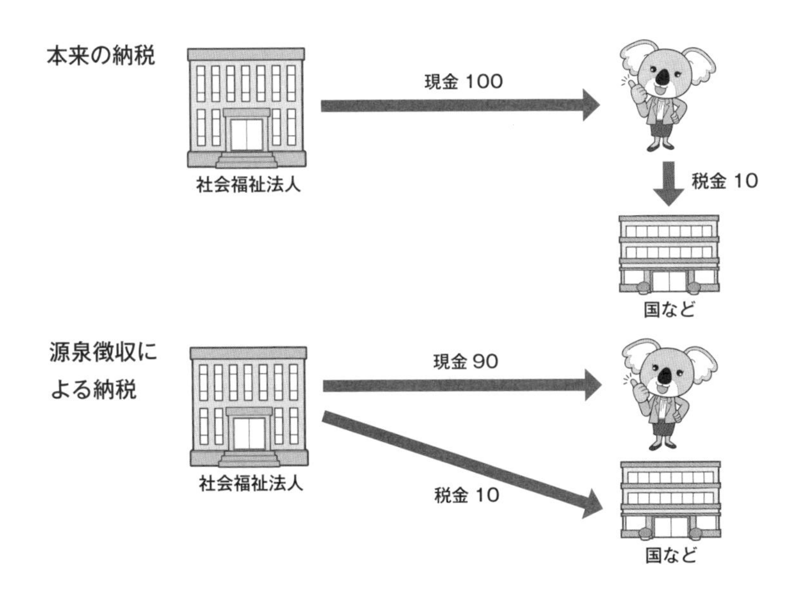

法定福利費（人件費）

健康保険料、介護保険料などの社会保険料と厚生年金については、従業員個人の負担額と同額を法人でも負担します。つまり**職員と雇用主が折半**で負担をしているのです。

この社会保険料の法人負担額は「**法定福利費**（費用）」で処理します。

point

社会保険料は、従業員個人と会社が半分ずつ負担する。
会社の負担分⇒法定福利費（費用）

「福利」は幸福と利益という意味で『法定福利費』は「法律で定められた、従業員の幸福と利益のための費用」です。

取引　給与を支払ったとき

当月の常勤職員の給料総額20,000円から、所得税の源泉徴収額900円および社会保険料1,900円を控除した残額を現金で支払った。

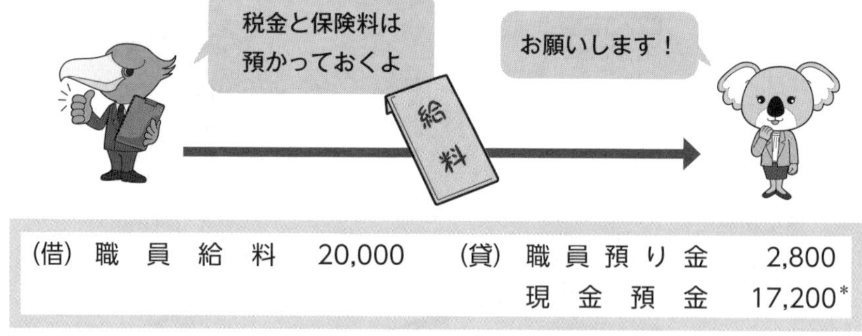

(借)	職員給料	20,000	(貸)	職員預り金	2,800
				現金預金	17,200*

＊ 20,000円－ 2,800円＝ 17,200円

取引　預かった所得税、保険料を納付したとき

前述の源泉所得税 900 円、社会保険料の預り金 1,900 円と社会保険料の法人負担額 1,900 円を併せて現金で納付した。

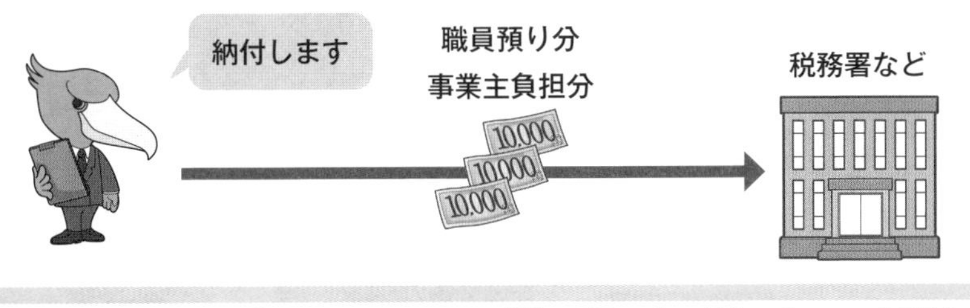

(借)	職員預り金	2,800	(貸)	現金預金	4,700
	法定福利費	1,900			

point

計算書類の記載区分

「職員給料」「法定福利費」：

事業活動計算書　サービス活動増減の部

「職員給料支出」「法定福利費支出」：

資金収支計算書　事業活動による収支

その他の人件費科目

決算で計上される「**賞与引当金繰入**」や「**退職給付費用**」といった科目も人件費に該当する勘定科目です。詳細は「第７章　決算」で学習します。

13 就労支援事業会計

就労支援事業とは

就労支援事業とは、障害者自立支援法の施行に伴い、障害を持つ方々の社会参加をサポートする障害福祉サービス事業の一環です。

就労支援事業は、利用者の状況に応じて以下のように細分化されています。

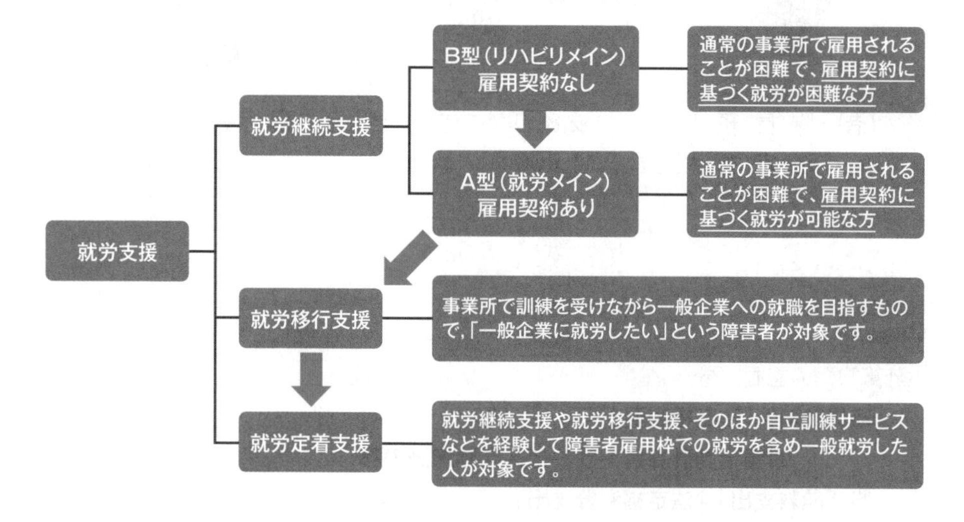

・就労継続支援B型事業

障害や難病を抱えていて、体力的な面などから雇用契約を結んで働くことが困難な方々に対して、軽作業などの仕事を提供しながら就労訓練を行います。

・就労継続支援A型事業

一般企業への就職が困難な方々でも安定した収入を得られるように働く場所を提供します。

就労支援事業を営む事業所と雇用契約を結ぶので、各種保険の適用も受けることができ、安心して働けることが利用者のメリットです。

・就労移行支援事業

一般企業への就職を目標として、仕事に必要なスキルを習得してもらうためのトレーニングを実施するとともに、就職活動の支援も行います。

就労継続支援と違い、「**原則2年間**」という期限が設けられています。

・就労定着支援

就労移行支援を利用して一般企業への就職が決まった利用者に対し、就職後の定期的な面談などを実施し、企業への定着をサポートします。

就労支援の事業の会計処理の基準

「就労継続支援（A型、B型）」および「就労移行支援」には**就労支援の事業の会計処理の基準**が適用されます。

この基準は、**就労支援サービスを利用する利用者に対して、適切な工賃を支払うことを目的として**平成18年に施行されました。

> 就労支援の事業の会計処理の基準
>
> **第2　障害者自立支援法下における就労支援事業に係る会計処理について**
>
> **1．就労支援事業会計処理基準の基本的な考え方**
>
> (1)　就労支援事業を行う指定事業所等は、指定基準において、授産施設同様、製品製造等の就労支援事業活動により得た就労支援事業収入から就労支援事業に必要な経費を控除した金額を工賃として利用者へ支払うこととされていることから、適正な利用者工賃の算出をするため、製品製造過程等における適切な製造原価等の把握が必要となる。
>
> さらに、今回の法の施行により、就労継続支援B型において目標工賃達成加算が創設されたこと等により、工賃の算出に当っての原価管理の重要性が増大している。
>
> また、就労支援事業の運営主体が緩和され、社会福祉法人以外の法人におけるサービス提供が可能となったところであるが、授産施設会計処理基準においては社会福祉法人のみを適用対象としていた。

このような状況下において、法人の種別に関係なく、就労支援事業を実施する全ての法人が適用する会計処理の取扱いを明示するために、就労支援事業における原価管理の重要性を勘案し、就労支援事業会計処理基準として取りまとめたものである。

就労支援事業における事業活動明細書

就労支援事業では、パンの製造販売や喫茶店の営業など、様々な事業を行っているため、製造費用や販売費などを明細書に記載し、それぞれの就労支援事業の事業活動明細書が必要となります。

〈就労支援事業別事業活動明細書の作成の流れ〉

就労支援事業
製造原価明細書
（製造にかかった材料や利用者工賃などの合計額）

就労支援事業
販管費明細書
（販売にかかった利用者工賃や販売店舗の家賃などの合計額）

転記

転記

就労支援事業
事業活動明細書
（収益を計算し、上記２つの費用を転記して、利益を計算）

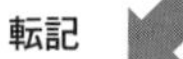

転記

就労支援事業別
事業活動明細書
（複数の事業がある場合はここで集約して、就労支援事業の全体額を計算）

転記

事業活動計算書
（就労支援事業の全体金額が記載される。）

会計２級では、一連の流れを把握しておきましょう。
各書類の作成方法は会計１級で学習します。

就労支援事業に関する積立金

就労支援事業では、次の２つの積立金を積み立てることができます。

- 工賃変動積立金
- 設備等整備積立金

積立金は、当該年度の利用者賃金及び利用者工賃の支払額が、**前年度の利用者賃金及び利用者工賃の支払実績額を下回らない場合に限り**、積み立てることができます。

工賃変動積立金

毎会計年度、一定の工賃水準を利用者に保障するため、「**工賃変動積立金**（純資産）」を積み立てることができます。

保障すべき一定の工賃水準：過去３年間の最低工賃（天災等により工賃が大幅に減少した年度を除く。）

各事業年度における積立額：過去３年間の平均工賃の 10％以内

積立額の上限額：過去３年間の平均工賃の 50％以内

設備等整備積立金

就労支援事業に要する設備等の更新、又は新たな業種への展開を行うための設備等の導入に備えた資金需要に対応するため、「**設備等整備積立金**（純資産）」を積み立てることができます。

各事業年度における積立額：就労支援事業収入の 10％以内

積立額の上限額：就労支援事業資産の取得価額の 75％以内

工賃変動積立金、設備等整備積立金を積み立てる場合は、同額の積立資産（定期預金等）を確保しなくてはなりません。

収益・費用の会計処理

確認テスト

答え：P.207

❶ 事業活動による収益・費用の計上

次の取引を仕訳しなさい。なお、勘定科目は語群から選択すること。

語群：現金預金　職員預り金　その他の未払金　老人福祉事業収益　障害福祉サービス等事業収益　広報費　職員被服費　職員給料　非常勤職員給与　法定福利費　印刷製本費

(1)　老人福祉事業の措置費として 20,344 千円の振込を受けた。

(2)　施設のパンフレット作成を業者に依頼し、印刷費を含めて 298 千円を小切手で支払った。

第 10 回出題

(3)　厨房職員が着用するエプロンのクリーニング代金 8 千円を現金で支払った。

第 13 回出題

(4)　常勤職員の給与手当 16,592 千円、非常勤職員の給与 7,026 千円から、源泉所得税 1,180 千円と社会保険料 2,243 千円を預かって、控除後残額を普通預金から支給した。

(5)　本年度中に納付した預り源泉所得税及び預り社会保険料は 2,982 千円、事業主負担社会保険料は 2,007 千円である。

第 14 回改題

(6)　コピー機のカウンター料金（印刷代）102 千円が普通預金から引き落とされた。

第 11 回出題

(7)　障害福祉サービス事業の報酬 88,336 千円が普通預金に入金された。

第 13 回出題

答案用紙

（単位：千円）

	借方科目	金額	貸方科目	金額
(1)				
(2)				
(3)				
(4)				
(5)				
(6)				
(7)				

❷ 就労支援事業会計

次の文章の空欄にあてはまる適切な語句を、語群の中から選んで○で囲みなさい。

(1)　就労支援事業別事業活動明細書で表示される就労支援事業活動費用計は（ 事業活動計算書・資金収支計算書 ）の（ 就労支援事業費用・就労支援事業支出 ）と一致する。

(2)　就労支援事業については、指定基準において「就労支援事業収入から就労支援事業に必要な経費を控除した額に相当する金額を工賃として支払わなければならない」としていることから原則として剰余金は発生しない。しかし、将来にわたり安定的に工賃を支給し又は安定的かつ円滑に就労支援事業を継続するため、就労支援事業別事業活動明細書の就労支援事業活動増減差額から理事会の議決に基づき工賃変動積立金又は（ 施設等整備積立金・設備等整備積立金 ）を積み立てることができる。

(3)　就労支援事業について「工賃変動積立金」・「人件費積立金」を計上する場合には、その年度の利用者賃金及び利用者工賃の支払額が、（ 前年度・過去３年間の平均額 ）の利用者賃金及び利用者工賃の支払額を下回らない場合に限り、計上できるものとする。

(4)　就労支援事業において、工賃変動積立金を積み立てている場合には、過去３年間の（ 最低工賃・平均工賃 ）を下回った年度については、理事会の議決に基づき工賃変動積立金及び工賃変動積立資産を取り崩して工賃を補填し、利用者に支給するものとする。

サンプル問題より抜粋

第3章

債権・債務の会計処理

⓮ 事業未収金・事業未払金
⓯ 未収金・その他の未払金
⓰ 長期未払金
⓱ 長期借入金

　3級でも学習した債権、債務の処理ですが、2級では「事業活動から生じた未収、未払」と「事業活動以外から生じた未収、未払」について、科目を分けて区別して処理をします。
　また、長期の債務については1年基準による振替処理などもしっかりと確認しましょう。

14 事業未収金・事業未払金

事業未収金・事業未払金とは

事業収益の未収金や、事業費・事務費の未払金は「**事業未収金**（流動資産）」・「**事業未払金**（流動負債）」勘定で処理します。

取引　事業未収金の計上

今月の介護保険事業の報酬として、利用者負担金10,000円について請求書を送付するとともに未収計上した。

(借) 事業未収金	10,000	(貸) 介護保険事業収益	10,000

取引　事業未収金の回収

先月に未収計上していた介護保険報酬10,000円が普通預金口座に入金された。

(借) 現金預金	10,000	(貸) 事業未収金	10,000

取引　事業未払金の計上

給食用の食材 500 円を購入し、代金は後日支払いとした。

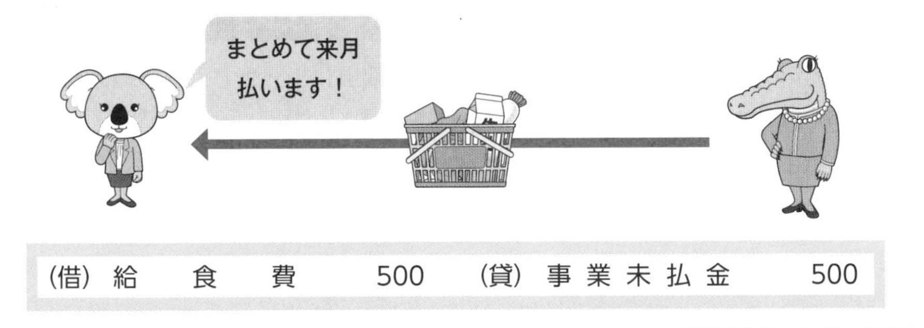

(借)	給食費	500	(貸)	事業未払金	500

取引　事業未払金の支払い

先月購入した給食用の食材代金 500 円を現金で支払った。

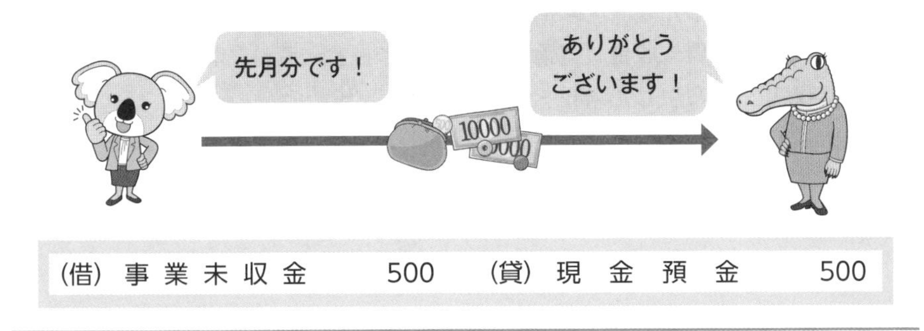

(借)	事業未収金	500	(貸)	現金預金	500

15 未収金・その他の未払金

事業収益・事業費用取引以外の未収、未払い

固定資産の売却など、事業収益の計上以外の取引により生じた代金の未回収は、「**未収金（流動資産）**」勘定で処理をします。

また、固定資産の購入など、事業活動に伴う事業費や事務費以外の取引により生じた代金未払いは、「**その他の未払金（流動負債）**」勘定で処理します。

事業活動以外で生じた「未収金」や「その他の未払金」は、事業活動から生じた「事業未収金」、「事業未払金」と区別をするために、勘定科目を分けて記録します。

point

事業活動から生じた未収・未払
　　事業未収金（流動資産）　事業未払金（流動負債）で処理
事業活動以外から生じた未収・未払
　　未収金（流動資産）　その他の未払金（流動負債）で処理

取引 事業活動以外の未収金の計上

不要になった応接セット（帳簿価額1,000円）を1,000円で売却し代金は後日受け取ることとした。

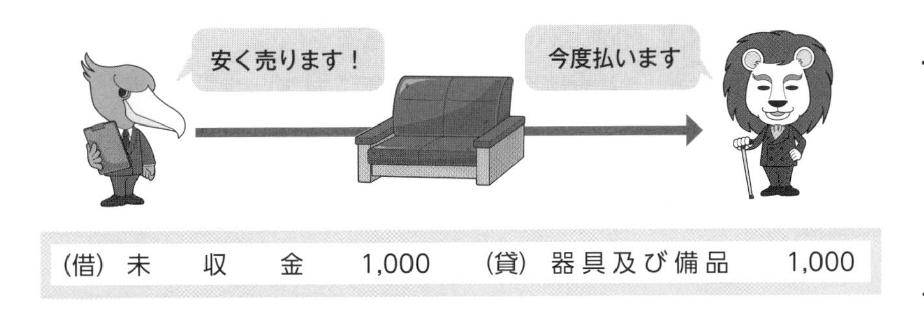

(借) 未収金 1,000　(貸) 器具及び備品 1,000

取引 事業活動以外の未払金の計上

送迎用の車輌150,000円を購入し、代金は来月に支払うこととした。

(借) 車輌運搬具 150,000　(貸) その他の未払金 150,000

16 長期未払金

長期未払金とは

固定資産を割賦購入（分割払いで購入）した場合など、代金の支払いが長期に及ぶことがあります。この場合は、「**長期未払金（固定負債）**」勘定で処理をします。

取引 固定資産を分割払いで購入したとき

3月1日に送迎用の車輌300,000円を購入し、代金は今月末より毎月末30回の分割払いとした。

(借) 車輌運搬具	300,000	(貸) 長期未払金	300,000

取引 1回目の代金支払い

3月31日

本日、第1回目の割賦代金10,000円が普通預金口座から引き落とされた。

預金通帳
引き落とし
¥10,000

(借) 長期未払金	10,000	(貸) 現金預金	10,000

決算日における振替処理

長期未払金の決算日における残高は、貸借対照表の固定負債の部に記載します。ただし、長期未払金残高の全額を固定負債の部に記載してしまうと、翌期中に支払期日が到来する金額を把握することができません。

そこで、決算日に「1年基準による振替処理」を行い**翌期中（1年以内）に支払期日が到来する分を**「1年以内支払予定長期未払金」として流動負債の部に記載をし、**翌々期以降（1年を超えて）支払い期日が到来する分を**「長期未払金」として固定負債の部に記載します。

取引 決算日の振替処理

3月31日

決算日につき、毎月末に支払っている長期未払金の残高290,000円（支払残回数29回）について1年基準による振替処理を行った。

(借)	長期未払金	120,000	(貸)	1年以内支払予定長期未払金	120,000

	決算日	翌決算日
当期支払い済 10,000円	翌期中に支払い 120,000円	翌々期以降に支払い 170,000円
	↓ 1年以内支払予定長期未払金 B/S　流動負債の部	↓ 長期未払金 B/S　固定負債の部

1年基準により固定資産や固定負債から振り替られた流動資産や流動負債は、支払資金には含まれないので注意しましょう！

17 長期借入金

長期借入金とは

施設整備等に係る資金は金額も大きくなります。従ってこの資金を外部からの借入によって調達した場合、その返済は長期（１年超）にわたります。施設整備などに係る借入金は「**設備資金借入金（固定負債）**」勘定で処理します。

また、経常経費の借入金であっても、その返済が長期（１年超）にわたる場合には「**長期運営資金借入金（固定負債）**」勘定で処理をします。

取引　長期借入金（施設整備目的）の借入れ

４月１日

設備資金として、福祉医療機構から6,000,000円を借り入れ、普通預金口座に振り込まれた。

なお、返済は毎月末に100,000円ずつ60回払いの予定である。

（借）現　金　預　金　6,000,000　　（貸）設備資金借入金　6,000,000

取引　長期借入金（施設整備目的）の返済

4月30日

本日、月初に借り入れた設備資金借入金の第1回返済額100,000円と利息10,000円が普通預金口座から引き落とされた。

預金通帳
引き落とし
¥110,000

(借)	設備資金借入金	100,000	(貸)	現　金　預　金	110,000
	支　払　利　息	10,000			

これらの長期借入金は、長期未払金と同じように決算日において1年基準による振替処理が必要です。

正常営業循環基準と1年基準（3級の復習）

資産、負債を流動と固定に区分する基準は「正常営業循環基準」と「1年基準」の2つの基準で判断します。

(1) 正常営業循環基準 ← 優先する基準

サービスの提供による事業収益や、事業費、事務費の支払いなど、日々の事業活動から生じる経常的な取引によって発生した債権、債務は、流動資産、流動負債とする基準をいいます。

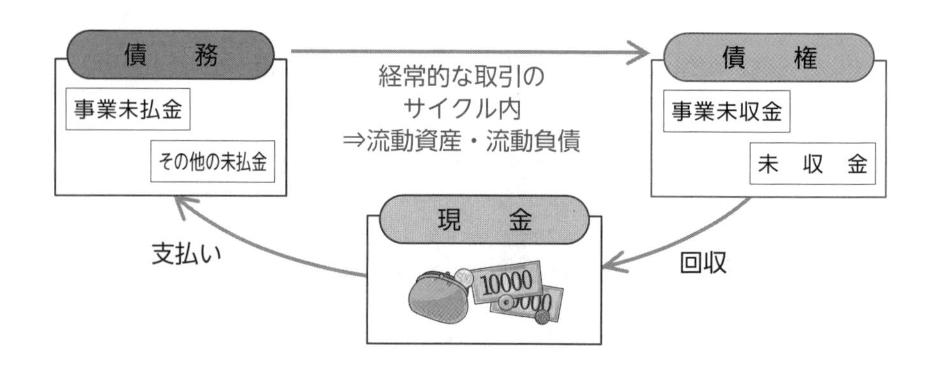

point

正常営業循環基準

経常的な取引のサイクル内にある資産・負債を流動項目とする分類基準

(2) 1年基準（ワンイヤー・ルール）←2本目のナイフ

1年基準とは、**決算日の翌日から1年以内に現金化する資産・負債を流動項目**とし、**1年を超えて現金化する資産・負債を固定項目とする分類基準**をいいます。

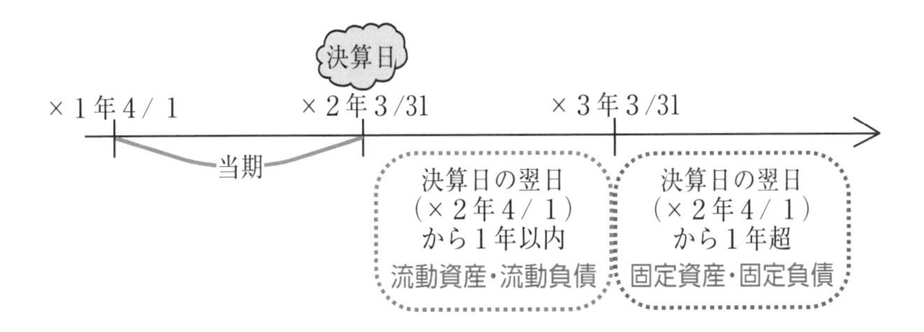

×2年3月31日の決算では、返済期限が×3年3月31日までの借入金なら流動負債に、×3年4月1日以降の借入金なら固定負債に分類されます。

point

1年基準（ワンイヤー・ルール）

決算日の翌日から起算して1年以内に現金化する資産・負債を流動項目とし、1年を超えて現金化する資産・負債を固定項目とする分類基準

債権・債務の会計処理

確認テスト

答え：P.209

❶ 次の空欄に当てはまる適切な語句を記入しなさい。

未収金、前払金、未払金、前受金等の（　　　　　　　　　）によって発生した債権債務は、流動資産または流動負債に属するものとする。

❷ 次の取引を仕訳しなさい。なお、勘定科目は語群から選択すること。

語群：現金預金　未収補助金　事業未収金　車輌運搬具
器具及び備品　事業未払金　その他の未払金　長期未払金
老人福祉事業収益　支払利息　給食費　事務消耗品費

(1)　給食用材料 2,887 千円と事務用消耗品 655 千円を掛けで購入した。

(2)　老人福祉事業のための補助金 5,987 千円と利用者の利用料分 292 千円を未収とした。

第 10 回出題

(3)　発注していた大型の業務用冷蔵庫が 3 月 30 日に納品された。購入代金 1,250 千円の支払いは翌月 10 日の予定である。

(4)　36 回均等の分割払いで、事務用の軽自動車（車輌運搬具）を 1,440 千円で購入した。

(5)　(4) の代金の第 1 回目の代金を利息 3 千円とともに普通預金から支払った。

第 11 回出題

答案用紙

(単位：千円)

	借方科目	金額	貸方科目	金額
(1)				
(2)				
(3)				
(4)				
(5)				

Column

「仕分け」と「仕訳」

簿記の学習を始めたころ、「仕訳」という漢字を間違えて「仕分け」と書いてしまうことがよくありました。

そこで、「仕分け」と「仕訳」の違いは何だろう？調べてみよう！と思い立ったのです。

【仕分け】物事や物品をその種類や性質などで分類すること
例：荷物を仕分ける　仕事を仕分ける

【仕　訳】簿記上の勘定科目を借方と貸方に区別すること（会計用語）
例：取引を仕訳し、記帳する

どちらも「分類する」という意味では共通していますが、仕訳の「訳」には「理由」という意味があります。つまり、「資産や負債が増えた理由、減った理由」と捉えることができます。

確かに、仕訳は「相手勘定科目」を見ることで資産や負債の増減の「理由」がわかるようになっていますね。

例えば　**借）現金預金 10　貸）受取利息 10**

という仕訳からは、現金預金という資産が増えた「理由」が利息を受け取ったからということが判ります。

なるほど、「理由」なんだ！！と納得してからは、字を間違えることがなくなりました。

「納得」することは学習ではとても大事です。「なるほど！」と思ったことは印象に残り忘れなくなるからです。

皆様もたくさんの「なるほど！」を経験し、暗記に頼らない学習を目指してくださいね。

なんでだろう？は理解に繋がります！

第４章

固定資産

⓲ 有形固定資産の取得
⓳ 有形固定資産の取得に対する補助金
⓴ 減価償却（定額法による償却額計算）
㉑ 無償取得
㉒ リース会計
㉓ 建設仮勘定
㉔ 固定資産の廃棄・滅失
㉕ 資本的支出と収益的支出
㉖ 無形固定資産

会計２級で学習する固定資産の内容は、会計３級と比べて一気にボリュームアップしています。

また固定資産の取得に対する補助金や、寄附による固定資産の無償取得など、社会福祉法人特有の処理がたくさん出てきます。

試験にも頻繁に出題される論点ですのでしっかりと理解できるように頑張りましょう。

18 有形固定資産の取得

有形固定資産の種類

社会福祉法人の固定資産は、貸借対照表において「**基本財産**」と「**その他の固定資産**」に分かれます。

基本財産…法人の存立基盤となる資産。定款に記載し、厳重に管理が必要。
その他の固定資産…固定資産のうち基本財産以外のもの。

また、固定資産とは、**取得価額が10万円以上**で、**1年以上にわたって使用**するための資産です。「固定資産」は「流動資産」に対応する概念で、1年以内に資金化されるかどうかがポイントとなり、**1年以内に資金化されない**ものです。

取得価額が10万円以上というのは、取引1単位当たりの価額で判定します。
例えば、9万円のパソコンを5台購入して、45万円かかっても有形固定資産にはなりません。

有形固定資産とは？

固定資産のうち、建物、備品、車輌運搬具、土地など形が有るものを**有形固定資産**(ゆうけいこていしさん)といいます。

point

有形固定資産
形の有る固定資産（建物、備品、車輌運搬具、土地）

有形固定資産の取得原価

固定資産として使用できるようにするために必要な費用も取得原価に含めます。

例えば、1台9万円のパソコンを5台購入し、運搬費と据付費5万円を支払った場合、1台当たり10万円となり、有形固定資産となります。

取引 有形固定資産の取得

1台あたり90千円のパソコンを5台購入し、代金は翌月に支払うこととした。また、送料50千円は現金で支払った。

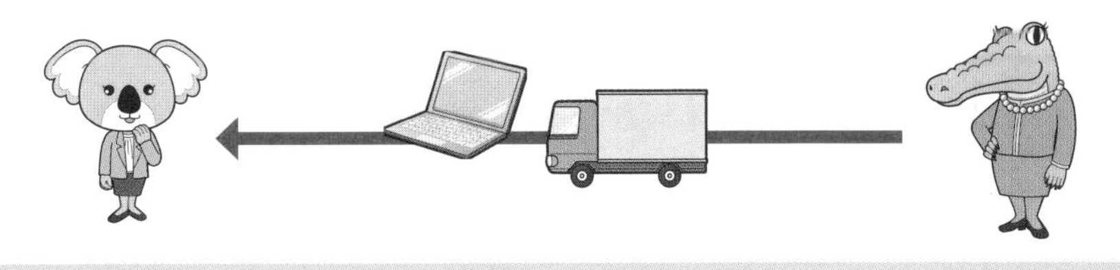

(借)	器具及び備品	500	(貸)	その他の未払金	450
				現金預金	50

第4章では、仕訳の金額を単位：千円にて記載しています。

超 重要

有形固定資産を購入したときは、付随費用も取得原価に含めます。

有形固定資産の取得原価 ＝ 購入代価 ＋ 付随費用

国又は地方公共団体等からの支援です

19 有形固定資産の取得に対する補助金

補助金を受け取る場合とは

施設の建設や、施設で使用する車輌運搬具の購入など、有形固定資産を取得するさいに、国又は地方公共団体等から補助金を受け取ることがあります。この場合、有形固定資産の取得の仕訳だけではなく、次の仕訳が必要となります。

①補助金が交付（入金）された仕訳

②国庫補助金等特別積立金を積立てる仕訳

取引 国、地方公共団体等から補助金を受け取ったとき

①新たな施設の建設にさいし、補助金10,000千円の交付が決定し、当座預金に入金された。

(借)	現金預金	10,000	(貸)	施設整備等補助金収益	10,000

②交付を受けた補助金10,000千円について国庫補助金等特別積立金に積立てた。

国からの交付金だから「国庫補助金等特別積立金」に計上します！

(借)	国庫補助金等特別積立金積立額	10,000	(貸)	国庫補助金等特別積立金	10,000

point

計算書類の記載区分

「施設整備等補助金収益」:

　　事業活動計算書　特別増減の部

「施設整備等補助金収入」:

　　資金収支計算書　施設整備等による収支

「国庫補助金等特別積立金積立額」:

　　事業活動計算書　特別増減の部（費用）

「国庫補助金等特別積立金」:

　　貸借対照表　純資産の部

減価償却（定額法による償却額計算）

減価償却とは？

建物や備品などの有形固定資産は、時の経過や使用することで老朽化し、毎年価値が下がっていきます。この**価値の下落分を費用として計上**する手続きを**減価償却**といい、「**減価償却費（費用）**」で処理します。

また減価償却費を、原則として毎年同額とする処理の方法を**定額法**といいます。

超 重要

定額法による減価償却費の計算方法

減価償却費 ＝ 要償却額 × 定額法償却率

耐用年数、残存価額、年償却率などは、問題の資料として与えられます。

要償却額とは取得原価から残存価額を差し引いた金額のことです。

取引 減価償却費の計算（残存価額なし）

建物（取得原価 5,000 千円）について、残存価額はゼロ、耐用年数は 25 年（償却率 0.04）として、定額法により減価償却を行った場合の減価償却費の金額を求めなさい。

⇒ 取得原価：5,000 千円　償却率：0.04　残存価額：ゼロ

減価償却費：5,000 千円 × 0.04 ＝ 200 千円

残存価額

残存価額は、**平成19年**度の税制改正により、それまで「取得価額の1割」とされていたのが、「0」と改められました。同種の有形固定資産でも取得時期によって計算方法が異なってくるため、注意が必要です。

・**平成19年3月31日以前**に取得　⇒　**取得価額の10%**

・**平成19年3月31日以後**に取得　⇒　**0**

「平成19年3月31日」の以前と以後では残存価額が異なってくるので、覚えておきましょう！

取引　減価償却費の計算（残存価額あり）

建物（取得原価5,000千円）について、残存価額は取得原価の10%、耐用年数は25年（償却率0.04）として、定額法により減価償却を行った場合の減価償却費の金額を求めなさい。

⇒ **取得原価：5,000千円　償却率：0.04**

残存価額：500千円（＝5,000千円×10%）

減価償却費：（5,000千円－500千円）×0.04＝180千円

超 重要

減価償却費は費用となりますが、支払いなどで流動資産が減少することはありません。

減少するのは固定資産なので、資金収支計算書に計上しません。

直接法（会計３級の復習）

減価償却の記帳方法には、会計３級で学習した**直接法**がありました。直接法とは毎年の減価償却費を、**直接、固定資産勘定から減額する記帳方法**です。

取引 直接法

×１年度の決算において、期首に取得した備品5,000千円の減価償却を行う。償却方法は定額法、耐用年数は５年(償却率は0.2)とする(直接法で記帳)。

(借) 減価償却費	1,000	(貸) 器具及び備品	1,000

5,000千円 ×0.2＝1,000千円

仕訳の貸方に器具及び備品勘定を記入して直接減額します。

貸借対照表では次のように表記します。
備品の取得原価（5,000千円）が分からなくなりますね…

貸借対照表

⋮	
器具及び備品 4,000	
⋮	

5,000千円－1,000千円＝4,000千円

間接法

会計２級では減価償却の記帳方法として、新たに**間接法**を学びます。

直接法では減価償却費を計上するとともに、固定資産勘定を直接減らしましたが、間接法とは固定資産勘定を直接減らすのではなく、減価償却累計額勘定（資産のマイナス）を貸方に計上することによって、固定資産勘定を間接的に減少させる記帳方法のことをいいます。

取引　決算における減価償却費の計上

建物（取得原価 5,000 千円）について、残存価額はゼロ、耐用年数は 25 年（償却率 0.04）として、定額法により減価償却を行う。なお、間接法によること。

(借)	減価償却費	200＊	(貸)	建物減価償却累計額	200

＊　5,000千円×0.04＝200千円

建物だけでなく、他の固定資産も同様です。固定資産の金額を直接減らすのではなく、貸方の勘定科目は、資産のマイナスを表す科目として「○○減価償却累計額」を用い、○○に固定資産の名称を入れた勘定で処理することで間接的に減額させます。

超 重要

間接法による減価償却費の相手勘定科目は、「○○減価償却累計額」

「**建物（固定資産）**」の残高は、取得原価5,000千円のままですが、「**建物減価償却累計額（固定資産のマイナス）**」が、「**建物（固定資産）**」を間接的に減少させるため、「**建物（固定資産）**」の実質的な残高は4,800千円（＝5,000千円－200千円）になります。

この、実質的な残高である4,800千円を取得原価と区別するために、**帳簿価額**（ちょうぼかがく）**（簿価）**（ぼか）といいます。

point

帳簿価額（簿価）＝ 取得原価 － 減価償却累計額

間接法で記帳する場合、固定資産勘定の金額は常に取得原価になります。
また、減価償却累計額は固定資産勘定の「評価勘定（金額を決める勘定）」といわれ、固定資産勘定とは1セットの勘定です。

point

計算書類の記載区分

「減価償却費」：

事業活動計算書　サービス活動増減の部

「〇〇減価償却累計額」：

貸借対照表　固定資産（控除項目として記載）

期中に取得または売却した有形固定資産の減価償却費

当期中に取得または売却した有形固定資産の減価償却費は、その有形固定資産を**当期中に保有した期間について、月割計上**します。

$$当期の減価償却費 = 年間の減価償却費 \times \frac{当期の保有月数}{12カ月}$$

月の途中で取得や売却した場合は、その月も1カ月として数えます。

取引　期中売却の場合

当期の6月30日に備品（取得原価600千円、減価償却累計額120千円）を売却し、代金500千円は現金で受け取った。なお、当該備品の減価償却方法は耐用年数5年（償却率0.2）とする定額法（間接法で記帳）であり、当期首から売却時までの減価償却費は月割計算して計上する。

$$(600千円-120千円) \times 0.2 \times \frac{3カ月\ (4/1 \sim 6/30)}{12カ月} = 24千円$$

	借方科目	金額		貸方科目	金額
(借)	減価償却費	24	(貸)	器具及び備品	600
	器具及び備品減価償却累計額	120		固定資産売却益	44
	現金預金	500			

差額（固定資産売却益 44）

売却価額と帳簿価額との差額を固定資産売却益、または固定資産売却損・処分損とします。

帳簿価額 ＝ 取得原価 －（減価償却累計額 ＋ 当期減価償却費）

固定資産をタダでもらうと…。

21 無償取得

無償取得とは？

固定資産をタダでもらうことを無償取得といいます。この場合、**「取得のために通常要する価額」**をもって、固定資産として計上する必要があります。**「取得のために通常要する価額」**とは、普通に購入した場合にかかる金額（時価）になります。

「タダだから仕訳しない」という訳にはいきません。

無償取得の仕訳

借方は固定資産、貸方は「**固定資産受贈額（収益）**」勘定で処理します。

取引 無償取得の仕訳

施設用地として土地（時価 100,000 千円相当）の寄附を受けた。

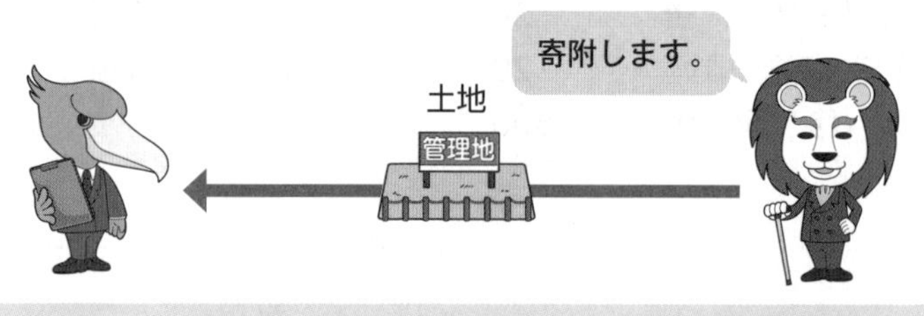

(借)	土　　地	100,000	(貸)	固定資産受贈額	100,000

超 重要

固定資産受贈額は収益ですが、現金などの流動資産が増加することはありません。

そのため、資金収支計算書に計上しません。

建物や土地など、もらった固定資産が法人にとって基本財産となるときは、基本金への組入れが必要になります。

詳細は「第6章　純資産の会計処理」で学習します。

購入ではなく、リースという手もある

22 リース会計

リース取引とは？

備品や機械などの固定資産（**リース物件**）を、あらかじめ決められた期間（**リース期間**）にわたって、使用する契約を結び、その使用料（**リース料**）を支払う取引を**リース取引**といいます。

社会福祉法人会計では借手側の処理についてみていきます。

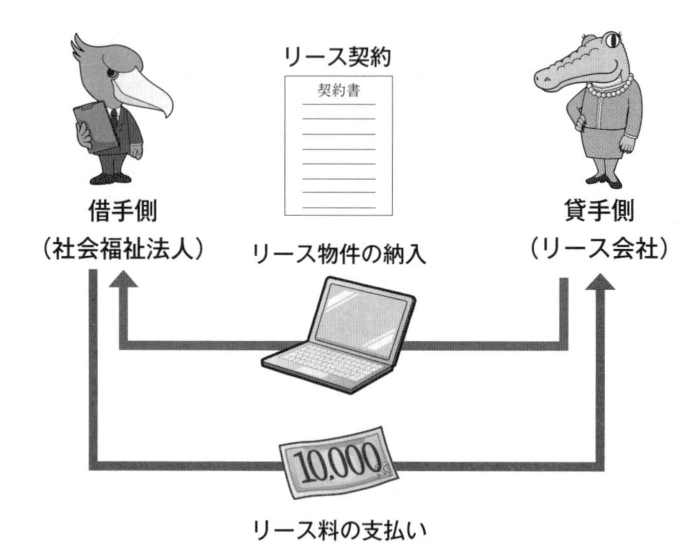

リース取引の分類

リース取引は、取引条件によって、**ファイナンス・リース取引**と**オペレーティング・リース取引**に分類されます。

①ファイナンス・リース取引

ファイナンス・リース取引とは、**リース期間の途中で解約することができず**（ノンキャンセラブル）、**リース物件から生じるコストを借手側が負担する**（フルペイアウト）という2つの要件を満たすリース取引です。

リースなら、一度に多額の支出をしなくて済みます

また、ファイナンス・リース取引は、リース期間終了後にリース物件の所有権が貸手側から借手側に移るかどうかで、**所有権移転ファイナンス・リース取引**と**所有権移転外ファイナンス・リース取引**に分類されます。

リース期間中のリース物件の所有権は、リース会社が保有しています。

②オペレーティング・リース取引

オペレーティング・リース取引とは、**ファイナンス・リース取引以外**のリース取引です。

point

リース取引

①ファイナンス・リース取引

「ノンキャンセラブル」「フルペイアウト」の２要件を満たすリース取引。

さらに、リース期間終了後にリース物件の所有権が借り手側に変わるかどうかで以下の２つに分類される。

⑴所有権移転ファイナンス・リース取引

⑵所有権移転外ファイナンス・リース取引

②オペレーティング・リース取引

ファイナンス・リース取引以外のリース取引。

運用上の取扱い

局長通知

8　リース取引に関する会計（会計基準省令第４条第１項関係）

1　リース取引に係る会計処理は、原則として以下のとおりとする。

(1)「ファイナンス・リース取引」とは、リース契約に基づくリース期間の中途において当該契約を解除することができないリース取引又はこれに準ずるリース取引で、借手が、当該契約に基づき使用する物件（以下「リース物件」という。）からもたらされる経済的利益を実質的に享受することができ、かつ、当該リース物件の使用に伴って生じるコストを実質的に負担することとなるリース取引をいう。

また、「オペレーティング・リース取引」とは、ファイナンス・リース取引以外の取引をいう。

(2)　ファイナンス・リース取引については、原則として、通常の売買取引に係る方法に準じて会計処理を行うものとする。

(3)　ファイナンス・リース取引のリース資産については、原則として、有形固定資産、無形固定資産ごとに、一括してリース資産として表示する。ただし、有形固定資産又は無形固定資産に属する各科目に含めることもできるものとする。

―以下省略―

ファイナンス・リース取引の処理

ファイナンス・リース取引は、**実質的には、固定資産を購入したことと同じ**になるため、**売買取引に準じた会計処理**を行います。

①リース契約締結時、**②リース料支払時**、**③決算時**の処理について、みていきましょう。

①リース契約締結時

リース取引の開始日に、借方は「**リース資産（固定資産）**」、貸方は「**リース債務（固定負債）**」で処理します。

(借) リース資産	××	(貸) リース債務	××

リース資産：所有権のない資産、「リース資産」を計上

リース債務：貸借対照表上、1年を超えて後に支払う債務は固定負債となります

ファイナンス・リース取引のリース資産については、原則として有形固定資産、無形固定資産ごとに、一括して「リース資産」として表示します。また、リース資産とリース債務は、同額が計上されます。

リース資産、リース債務の金額を算定するにあたっては、**原則的な算定方法**である**利子抜き法**と**簡便的な算定方法**である**利子込み法**の２つがあります。

（イ）利子抜き法（原則法）

リース料総額から、これに含まれている**利息相当額を差し引いた金額**をリース資産、リース債務として計上する方法です。

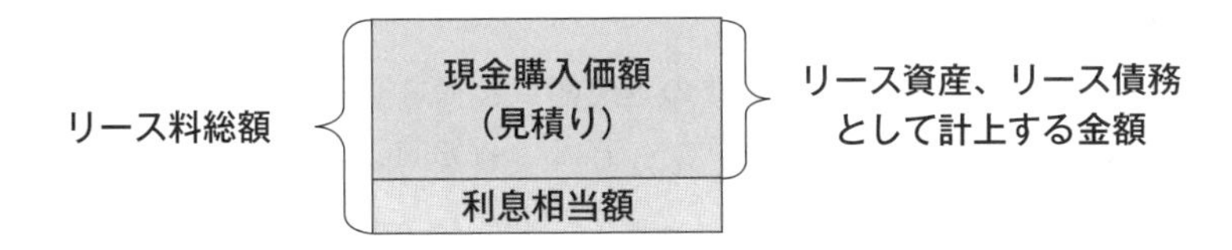

（ロ）利子込み法（簡便法）

リース料総額をリース資産、リース債務として計上する方法です。

取引 ファイナンス・リース取引（リース契約締結時）

当社は、期首（×1年4月1日）にA社と機械のリース契約を、年間のリース料6,000千円（毎年3月末日払い）、期間5年の条件で締結した。

なお、リース料総額30,000千円、見積現金購入価額27,600千円である。

契約締結時における処理について①利子抜き法、②利子込み法による場合の仕訳を行う。

①利子抜き法による場合

見積現金購入価額

(借)	リース資産	27,600	(貸)	リース債務	27,600

②利子込み法による場合

6,000千円×5年＝30,000千円
リース料総額

(借)	リース資産	30,000	(貸)	リース債務	30,000

超 重要

「リース資産」「リース債務」の計上額

- **利子抜き法（原則法）… リース料総額 － 利息相当額**
- **利子込み法（簡便法）… リース料総額**

②リース料支払時

リース料は、元本部分（リース債務の返済額）と利息部分から構成されています。そのため、**利子抜き法**の場合、支払ったリース料**をリース債務（元本）の返済分**と**利息分**とに分けて処理します。

一方、**利子込み法**では、**リース料の支払額がそのままリース債務の減少**となります。

会計２級における「利子抜き法」では、定額法により利息相当額をリース期間で割った金額を、各期の「支払利息」として計上します。

取引 ファイナンス・リース取引（リース料支払時）

当社は、期首（×1年４月１日）にＡ社と機械のリース契約を、年間のリース料6,000千円（毎年３月末日払い）、期間５年の条件で締結した。

なお、リース料総額に含まれる利息相当額は2,400千円である。また、利息の期間配分は定額法によること。

１回目（×2年３月31日）のリース料支払時（当座預金口座より支払い）の処理について、①利子抜き法、②利子込み法による場合の仕訳を行う。

①利子抜き法による場合

残額がリース債務の返済額
6,000千円－480千円＝5,520千円

(借)	リース債務	5,520	(貸) 当座預金	6,000
	支払利息	480		

支払利息を先に計算
2,400千円÷５年＝480千円

②利子込み法による場合

(借)	リース債務	6,000	(貸) 当座預金	6,000

③決算時の処理

ファイナンス・リース取引の場合、決算時にリース資産の減価償却を行います。なお、**所有権が移転するかどうか**によって、**耐用年数**と**残存価額**が異なります。

固定資産の購入と変わらないので、当然、減価償却を行います。

（イ）所有権移転ファイナンス・リース取引の場合

リース期間終了後、リース会社から当社へ所有権が移転する場合、そのリース物件は、結局、自社の所有資産となるので、**自己所有の固定資産と同様の方法**で減価償却を行います。

（ロ）所有権移転外ファイナンス・リース取引の場合

所有権が移転しない場合、リース期間終了後にリース物件をリース会社に返却するので、**リース期間を耐用年数**として減価償却費を計算します。また、リース物件は返却するので、**残存価額はゼロ**とします。

超 重要

ファイナンス・リース取引におけるリース資産の減価償却

①所有権移転ファイナンス・リース取引

耐用年数、残存価額とも自己所有の固定資産と同様

②所有権移転外ファイナンス・リース取引

耐用年数：リース期間　　残存価額：ゼロ

取引 ファイナンス・リース取引（決算時）

決算にあたり、リースしていた機械（27,600千円）の減価償却（間接法）を行う。リース期間は5年、機械の耐用年数は6年、残存価額は取得原価の10%である。なお、定額法の年償却率は5年では0.2、6年では0.167とする。

①所有権移転ファイナンス・リース取引の場合

自己所有の固定資産と同様の処理で減価償却を行います。

(借) 減価償却費	4,148	(貸) リース資産減価償却累計額	4,148

27,600千円 × 0.9 × 0.167 ≒ 4,148千円

②所有権移転外ファイナンス・リース取引の場合

リース期間を耐用年数、残存価額はゼロとして減価償却を行います。

(借) 減価償却費	5,520	(貸) リース資産減価償却累計額	5,520

27,600千円 × 0.2 ＝ 5,520千円

オペレーティング・リース取引の処理

オペレーティング・リース取引については、**賃貸借(ちんたいしゃく)取引に準じた会計処理**を行います。

借手側は、リース料の支払時に「**支払リース料(費用)**」として処理します。したがって、リース資産とリース債務は計上しません。

賃貸借処理とは、家賃を支払ってビルを借りているときに行う処理と同じです。

取引 オペレーティング・リース取引

次の資料にもとづいて、×1年4月1日(リース取引開始時)と×2年3月31日(リース料支払時)の仕訳を行う。

当社は、期首(×1年4月1日)にA社と機械のリース契約(オペレーティング・リース取引)を締結した。リース料総額は30,000千円であり、これを毎年3月末日に6,000千円ずつ普通預金口座より支払う。

×1年4月1日(リース取引開始時)の仕訳

仕訳なし

×2年3月31日(リース料支払時)の仕訳

(借) 支払リース料	6,000	(貸) 現金預金	6,000

23 建設仮勘定

建設仮勘定とは？

ビルの建設などは長期にわたって行われ、多くの支出を伴います。このような建設中の固定資産に対して支払った金額を記録しておく勘定を「**建設仮勘定**（けんせつかりかんじょう）（固定資産）」といいます。

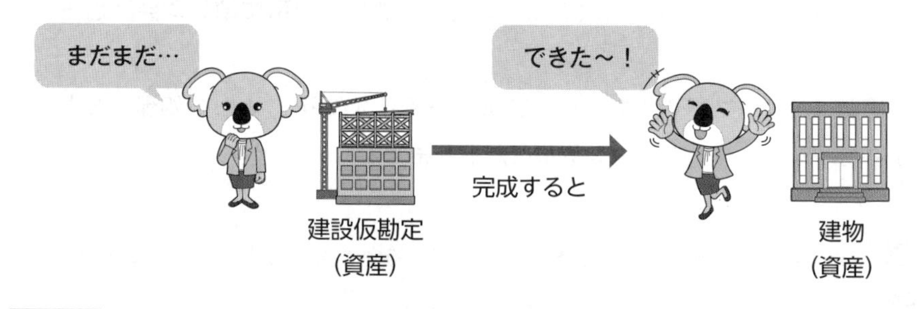

point

計算書類の記載区分

「建設仮勘定」：貸借対照表　固定資産の部

建設仮勘定の処理

建設仮勘定について、①**建設代金の支払時**、②**完成・引渡時**の処理をみていきましょう。なお、建設仮勘定は、まだ使用されていないので**減価償却は行いません**。

建設仮勘定は、当期の収益に貢献していない（まだ使われていない）ため、費用（減価償却費）も計上しません。

①建設代金の支払時

建設中の固定資産に対して支払った金額は「**建設仮勘定**（固定資産）」で処理します。

取引　建設仮勘定　①着手金支払い時

建物の新築のため、建設会社と500,000千円の請負金額で契約し、着手金100,000千円を小切手を振り出して支払った。

(借)	建設仮勘定	100,000	(貸)	現金預金	100,000

②完成・引渡時

建設中であった固定資産が完成し、引渡しを受けたときは、「**建設仮勘定**（固定資産）」の金額を「**建物**（固定資産）」に振り替えます。

取引　建設仮勘定　②完成・引渡時

上記の建物が完成し、引渡しを受けたので、契約金額の残額400,000千円を現金で支払った。

建設仮勘定の残高を建物に振り替える

(借)	建物	500,000	(貸)	建設仮勘定	100,000
				現金預金	400,000

（借）建設仮勘定　400,000　（貸）現金預金　400,000
（借）建　　　物　500,000　（貸）建設仮勘定　500,000
と仕訳することもあります。

仕訳を分解して考えてみましょう！
建物の金額を二つに分けてみるとわかりやすいですね。

仕訳	事業活動計算書	資金収支計算書
(借方) 建　物 100,000　(貸方) 建設仮勘定 100,000	×	×
(借方) 建　物 400,000　(貸方) 現金預金 400,000	×	○

超 重要

建設仮勘定を建物に振替えた部分は、固定資産と固定資産であるため、現金などの流動資産に変動がないので、資金収支計算書に計上しません。

なお、現金預金から支払った400,000千円は資金収支計算書に記載されることになります。

point

完成・引渡時の処理

- **建設仮勘定の金額を「建物」等の勘定に振り替える**
- **使用開始日から減価償却の対象となる**

完成してはじめて、建物（資産）となり減価償却が始まります。

24 固定資産の廃棄・滅失

固定資産の除却・廃棄とは？

いままで使用してきた固定資産が使えなくなり、捨てることを**廃棄**(はいき)といいます。

point

固定資産の廃棄

　廃棄…固定資産を捨てること

廃棄の処理

固定資産を廃棄するため、評価額はありません。したがって、帳簿価額を「**固定資産売却損・処分損**（費用）」で処理します。なお、廃棄費用がかかった場合は**固定資産売却損・処分損に含めて処理**します。

取引　廃棄

当期首に車輌運搬具（取得原価5,000千円、減価償却累計額4,050千円、間接法で記帳）を廃棄し、廃棄費用100千円を現金で支払った。

（借）	車輌運搬具減価償却累計額	4,050	（貸）	車輌運搬具	5,000
	固定資産売却損・処分損	1,050		現金預金	100

差額（廃棄費用も含む）

仕訳を分解して考えてみましょう！

固定資産売却損・処分損と車輌運搬具の金額を分けてみるとわかりやすいですね。

仕訳						事業活動計算書	資金収支計算書
（借方）	車輌運搬具減価償却累計額	4,050	（貸方）	車輌運搬具	4,050	×	×
（借方）	固定資産売却損・処分損	950	（貸方）	車輌運搬具	950	○	×
（借方）	固定資産売却損・処分損	100	（貸方）	現金預金	100	○	○

超 重要

固定資産の廃棄時に計上する固定資産売却損・処分損は、資金収支計算書に計上しません。

ただし、廃棄費用として現金を支出したときは、その分を資金収支計算書に計上します。

固定資産の滅失とは？

地震や火災などによって、固定資産を失うことを**滅失**といいます。

滅失の処理

滅失した固定資産に保険を掛けているか、いないかにより、処理が異なります。火災による滅失を例にみていきましょう。

(1) 保険を掛けていない場合

保険を掛けていない場合は、その固定資産の帳簿価額を、「**災害損失**（費用）」で処理します。

取引　固定資産の滅失　①保険を掛けていない場合

当期首に建物（取得原価100,000千円、減価償却累計額36,000千円）が火災により焼失した。

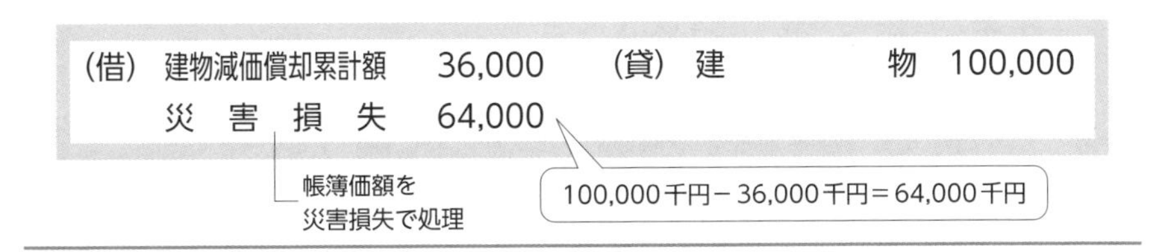

(借)	建物減価償却累計額	36,000	(貸)	建　　　　　物	100,000
	災　害　損　失	64,000			

---

point

計算書類の記載区分

「災害損失」：事業活動計算書　特別増減の部

超 重要

災害損失は費用の科目ですが、支払い等で、流動資産が減少するわけではありません。

そのため、資金収支計算書には計上しません。

(2) 保険を掛けていた場合

保険を掛けている場合、**①滅失したとき、②保険金額が確定したとき**に処理が必要です。

①滅失したとき

保険を掛けている固定資産が滅失したときは、保険金額が確定するまで、滅失した固定資産の帳簿価額を「**未決算**（みけっさん）（その他）」で処理します。

取引　固定資産の滅失　②保険を掛けていた場合

当期首に建物（取得原価100,000千円、減価償却累計額36,000千円）が火災により焼失した。なお、この建物には80,000千円の火災保険が掛けられていた。

（借）	建物減価償却累計額	36,000	（貸）	建　　物	100,000
	未　決　算	64,000			

保険金額が確定するまで未決算（その他）で処理します。
保険金が全額おりるとは限らないからです。

未決算は、「**火災未決算（その他）**」を用いることもあります。本試験では問題文の指示に従ってください。

②保険金額が確定したとき

保険金額が確定したときは、確定した保険金額と未決算の金額との差額を「**保険差益**（収益）」または「**災害損失**（費用）」で処理します。

point

確定した保険金額 > 未決算の金額 ⇒ 保険差益
確定した保険金額 < 未決算の金額 ⇒ 災害損失

4 固定資産

取引 固定資産の滅失 ③保険金額が確定したとき

上記の火災につき、保険会社から連絡があり、保険金60,000千円を支払う旨の通知があった。

通知があっただけなので未収金で処理

(借)			(貸)		
	未収金	60,000		未決算	64,000
	災害損失	4,000			

差額が借方なら災害損失（費用）、貸方なら保険差益（収益）です。

point

固定資産の滅失の処理

保険を掛けていない場合 ⇒ 滅失時、帳簿価額を災害損失で処理
保険を掛けていた場合 ⇒ ①滅失時、帳簿価額を未決算で処理
②保険金確定時、保険金額と未決算の金額との差額を保険差益または災害損失で処理

25 資本的支出と収益的支出

資本的支出と収益的支出とは？

建物の壁を防火壁にした場合、建物自体の機能・価値を高めたことになります。このように固定資産の機能・価値を高めるために支払った金額を**資本的支出**(しほんてきししゅつ)といい、**固定資産の取得原価に加算**します。

また、壁のひび割れを直した場合、建物の機能を元に戻したことになります。このように固定資産の機能を回復させるために支払った金額を**収益的支出**(しゅうえきてきししゅつ)といい、「**修繕費（費用）**」で処理します。

どちらも「固定資産に対する支出」という点では共通しています。

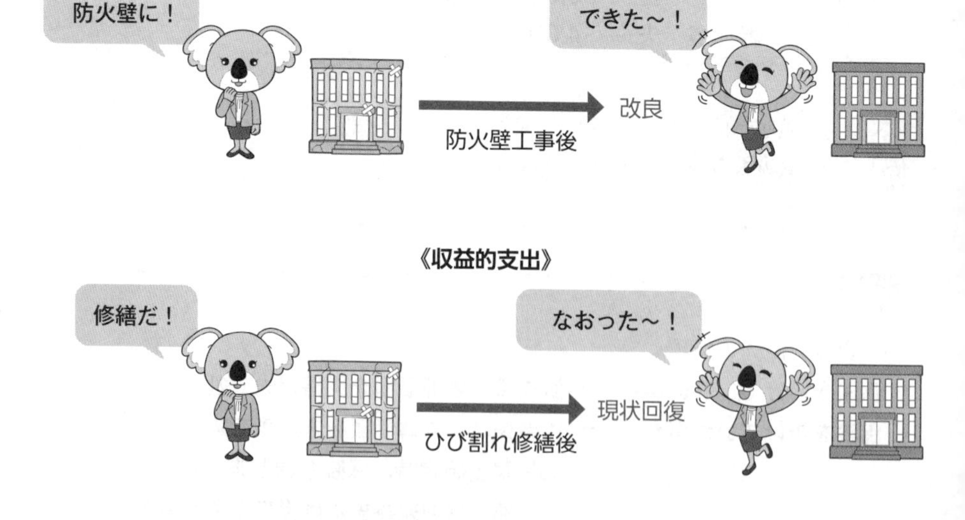

取引　資本的支出と収益的支出

建物の定期修繕と改良を行い、代金1,000千円を小切手を振り出して支払った。このうち400千円は改良代(資本的支出)、残りは修繕費である。

(借)	建　　物	400	(貸)	現金預金	1,000
	修 繕 費	600			

26 無形固定資産

無形固定資産とは？

固定資産のうち形の無い固定資産を「**無形固定資産**」といいます。

無形固定資産の例として、**法律上や契約上の権利**としての「**水道施設利用権**」や「**借地権**」等があります。

また、コンピュータを機能させるためのプログラムとしての「**ソフトウェア**」も無形固定資産に該当します。

代表的なソフトウェアとしては、「会計ソフト」がありますね。

会計２級では、無形固定資産のうちソフトウェアの会計処理について学習します。

ソフトウェアの会計処理

①取得時

ソフトウェアの取得にかかった費用を「**ソフトウェア（固定資産）**」で処理します。

取引 取得時の処理

当期首に会計用ソフトを150千円で購入し、代金は現金で支払った。

(借)	ソフトウェア	150	(貸)	現金預金	150

②決算時

ソフトウェアは、決算時に以下の要領で減価償却を行います。

償却期間：５年（年償却率0.2）

残存価額：ゼロ

償却方法：定額法

記帳方法：直接法

取引　決算時の処理（減価償却）

当期首に購入した会計ソフト150千円について、減価償却をおこなう。なお、年償却率は0.2とする。

(借) ソフトウェア償却	30	(貸) ソフトウェア	30

期中に取得した場合は、使用した月数に応じて償却額を計算します。

point

ソフトウェアの取得に要した費用

⇒ソフトウェア（固定資産）で処理

ソフトウェアの償却方法

⇒残存価額をゼロとした定額法により償却、直接法で記帳

固定資産

確認テスト

答え：P.210

❶ 次の空欄に当てはまる適切な語句を記入しなさい。

(1)　償却を終えたソフトウェアの帳簿価額は（　　　　　　）である。

(2)　ソフトウェア等の無形固定資産については、当初より残存価額をゼロとして、（　　　　　）により償却計算を行うものとする。

(3)　平成 19 年 3 月 31 日以前に取得した有形固定資産について償却計算を実施するための残存価額は（　　　　　　　　　　）とする。

❷ 次の取引を仕訳しなさい。なお、勘定科目は語群から選択すること。

語群：現金預金　器具及び備品　車輌運搬具　建物
ソフトウェア　有形リース資産　リース債務
1 年以内返済予定リース債務　車輌運搬具受贈額　減価償却費
器具及び備品売却損・処分損　災害損失

(1)　地域住民から、利用者送迎用のバス（時価 3,300 千円相当）の寄附を受けた。

(2)　帳簿価額 56 千円の大型テレビが破損したので、廃棄手数料 8 千円を支払って除却した。

(3)　事務用の軽自動車（車輌運搬具）を 1,084 千円で購入し、普通預金から支払った。

(4)　厨房機器一式のリース料 1,520 千円（5 年リースの契約、期首で 1 年 6 カ月経過している）が普通預金から引き落とされた。ただしリース債務の返済時には、1 年以内返済予定リース債務を減額する処理を行っている。また、有形リース資産及びリース債務はリース料総額で計上され、支払利息は計上されない方法によっている。

(5) 1年基準により、(4)のリース債務残高から1,520千円を流動負債に振り替えた。

第10回出題

(6) パソコンで使用するための給与計算のソフトウェアを365千円で購入し、現金で支払った。

第11回出題

(7) 帳簿価額24,300千円の建物が、災害で倒壊した。

(8) コピー機を、利息を含めて3,450千円で5年リースで調達した。今期の使用期間は12カ月であり、毎月均等額のリース料を支払い、期末に減価償却を行った。なお、リースの処理は利子込法（利息を分離しない方法）によることとする。

(9) (8)のリース契約につき、1年基準によりリース債務を流動負債に振り替えた。

第12回出題

(10) カラーコピー機を購入し、3,088千円のリース契約を締結した。

(11) 固定資産につき、次の減価償却を行った。

器具及び備品 5,526千円
有形リース資産 750千円

第13回出題

(12) 施設建物の改修工事を行い、6,000千円普通預金から支払った（資本的支出に該当)。

(13) (12)の改修した建物は平成30年10月3日から使用を開始した（耐用年数は15年；償却率0.067）

第14回出題

答案用紙

（単位：千円）

	借方科目	金額	貸方科目	金額
(1)				
(2)				
(3)				
(4)				
(5)				
(6)				
(7)				
(8)				
(9)				
(10)				
(11)				
(12)				
(13)				

第5章

有価証券と外貨建資産の評価

株式会社が発行する株式や社債、国や地方公共団体が発行する国債・地方債のことを有価証券（または投資有価証券）といいます。

また、ドルやユーロなど、外貨で現金預金などを所有している場合には、帳簿への記入や計算書類を作成するさいに円建てに換算する必要があります。

この章では、有価証券と外貨建資産についての評価方法、特に貸借対照表に記載される金額の算定について学習しましょう。

27 有価証券の分類

有価証券とは？

有価証券とは、文字どおり「**価**値の**有**る**証券**」です。具体的には、**株式**や社債・国債などの**債券**があります。

有価証券を持っているといいことある？

株式を持っていると配当金、社債や国債を持っていると利息を受け取ることができます。

また、市場で売買される有価証券の価格は、日々変動するため、安いときに買って、高いときに売れば儲けることができます。

さらに、株式を保有することで株主となり、相手先を支配したり、影響力を行使したりすることも可能になります。

有価証券の分類

有価証券は、**保有目的**により分類します。

保有目的	勘定科目
売買により儲けを得る	有価証券
満期まで保有して利息を受け取る	投資有価証券
上記以外	

28 売買目的有価証券

売買目的有価証券とは？

短期的に売買して、儲けを得る目的で保有する有価証券を**売買目的有価証券**（ばいばいもくてきゆうかしょうけん）といいます。売買目的有価証券は、売買を前提とするので、時価があります。

時価がないと、売ろうと思っても売れないですもんね。

point

売買目的有価証券

短期的に売買して儲けを得る目的で保有する有価証券

売買目的有価証券の仕訳

売買目的有価証券の仕訳は、①**購入したとき**、②**配当金や利息を受け取ったとき**、③**売却したとき**があります。

売買目的で有価証券を購入したときは、「**有価証券（流動資産）**」で処理します。

売買目的有価証券として「株式」を取得した場合と、「債券」（社債・国債）を取得した場合について、それぞれ見ていきましょう。

取引　①購入時の処理（株式）

宮城商事株式会社が発行する株式10株を売買目的で1株あたり1,000円で購入し、代金は証券会社に対する手数料500円とともに小切手を振り出して支払った。

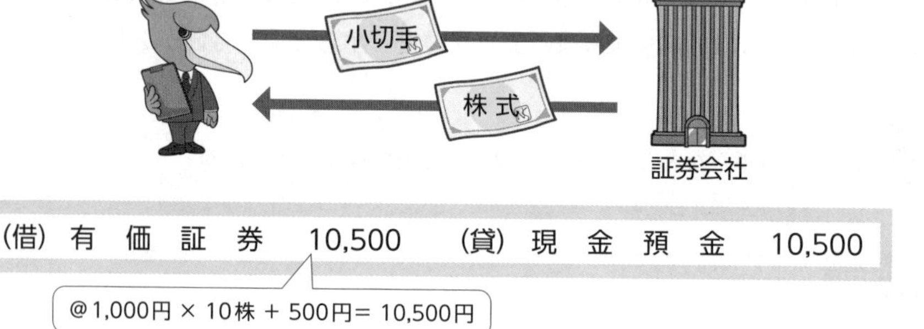

(借) 有価証券	10,500	(貸) 現金預金	10,500

@1,000円 × 10株 + 500円= 10,500円

有価証券の金額〔＝**取得原価**〕は、有価証券そのものの価格〔＝**購入代価**〕に、購入にさいして証券会社に支払った手数料など〔＝**付随費用**〕を加えた金額となります。

超 重要

有価証券の取得原価＝購入代価＋付随費用

有価証券の取得は、資金の支出を伴いますが、支出と同額だけ流動資産である有価証券が増えるので、資金収支計算書には記載しません。

取引 ①購入したとき（社債・国債）

額面総額10,000円の福島商事株式会社の社債を、額面100円につき93円で購入し、代金は証券会社に対する手数料500円とともに小切手を振り出して支払った。

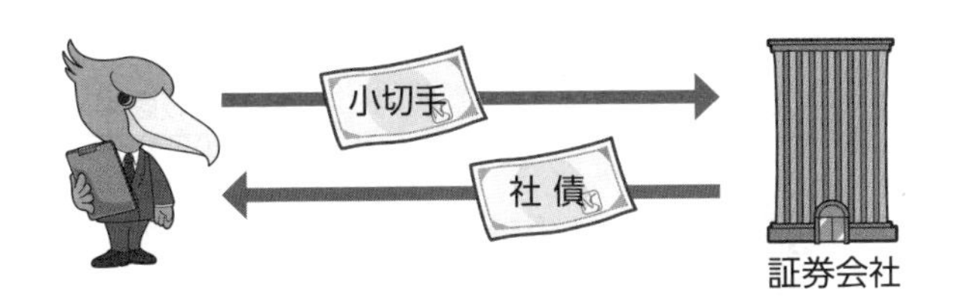

(借) 有価証券	9,800	(貸) 現金預金	9,800

10,000円 ÷ 100円 = 100口
@93円 × 100口 + 500円 = 9,800円

株式は1株、2株と数えますが、社債・国債は**1口**(くち)、**2口**(くち)と数えます。

社債・国債の取得原価は、①**額面総額**(がくめんそうがく)（10,000円）を**額面金額**(がくめん)（100円）で割って**口数**(くちすう)を求め、②1口あたりの購入価格に口数を掛け、付随費用を加えた金額とします。

① **口数：10,000円÷100円＝100口**

② **取得原価：@93円×100口＋500円＝9,800円**

超重要

① **口数 ＝ 額面総額 ÷ 額面金額**

② **取得原価 ＝ 1口あたりの購入価格 × 口数 ＋ 付随費用**

額面金額は、債券の券面上に記載されている1口あたりの金額（100円）です。

取引 ②配当金を受け取ったとき（株式）

保有している宮城商事株式会社の株式の配当として、配当金領収証500円を受け取った。

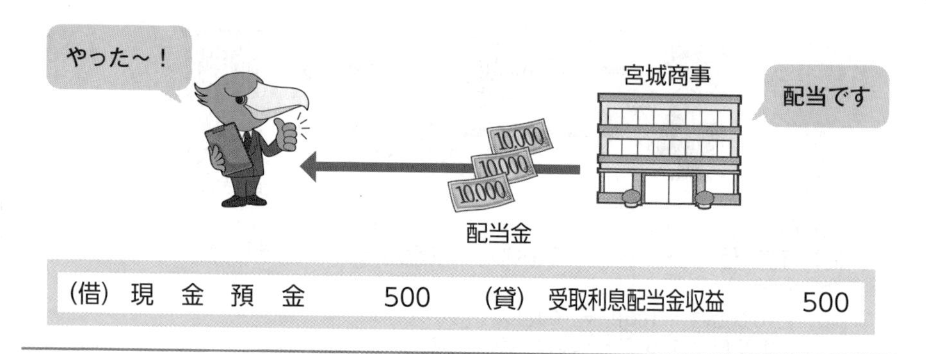

（借）	現金預金	500	（貸）	受取利息配当金収益	500

株式を保有していると配当金を受け取ることができます。配当金は、株式を発行している会社が、自社の儲けを株主に分配したものです。

配当金を受け取ったときは、「**受取利息配当金収益**（収益）」で処理します。

取引 ②利息を受け取ったとき（社債・国債）

保有している福島商事株式会社の社債の利払日が到来し、当座預金口座に300円入金された。

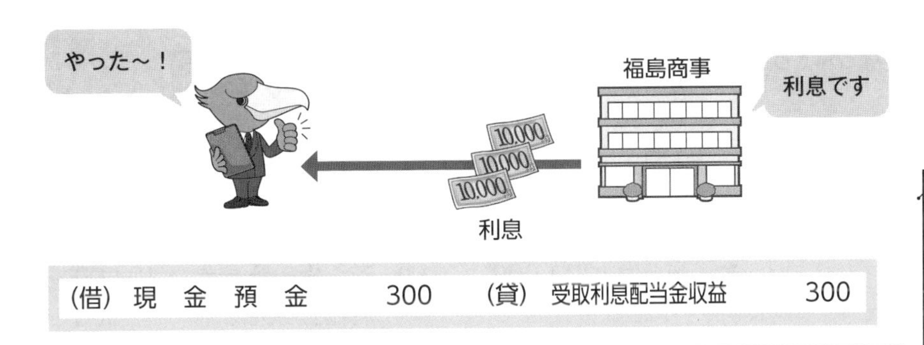

(借) 現金預金	300	(貸) 受取利息配当金収益	300

社債・国債は、**利払日**（りばらいび）に利息を受け取ることができます。利息は、所有している債券の額面金額に、年の利率をかけた金額が発行者から支払われます。

利息を受け取ったときも、「**受取利息配当金収益**（うけとりりそくはいとうきんしゅうえき）（収益）」で処理します。

「額面金額 × 年利率」が1年分の利息の金額になります。

point

計算書類の記載区分

「受取利息配当金収益」：

　　事業活動計算書　サービス活動外増減の部

「受取利息配当金収入」：

　　資金収支計算書　事業活動による収支

取引 ③売却したとき（株式）

宮城商事株式会社の株式10株（取得価格@1,050円）を全株@1,100円で売却し、代金は普通預金口座に振り込まれた。

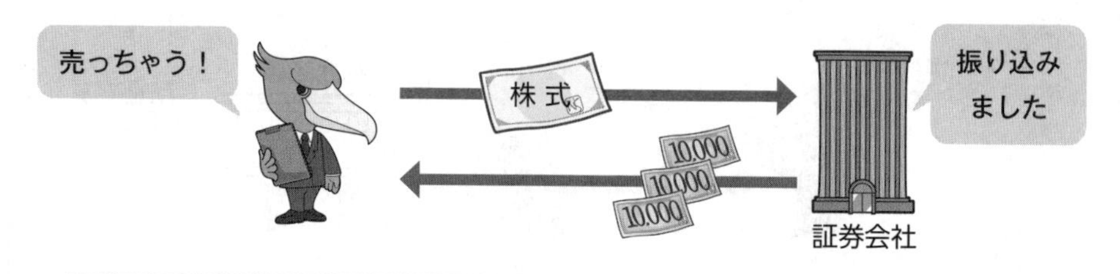

（借）			（貸）	
現金預金	11,000		有価証券	10,500
			有価証券売却益	500

@1,100円 × 10株 = 11,000円（売却価額）
@1,050円 × 10株 = 10,500円（帳簿価額）
11,000円（売却価額） − 10,500円（帳簿価額） = 500円（売却益）

上記株式を全株@1,000円で売却した場合の仕訳

（借）			（貸）	
現金預金	10,000		有価証券	10,500
有価証券売却損	500			

@1,000円 × 10株 = 10,000円（売却価額）
@1,050円 × 10株 = 10,500円（帳簿価額）
10,000円（売却価額） − 10,500円（帳簿価額） = △500円（売却損）

取引　③売却したとき（社債・国債）

額面総額 10,000 円（取得価格は額面 100 円につき 98 円）の福島商事株式会社の社債を、額面 100 円につき 99 円で売却し、代金は普通預金口座に振り込まれた。

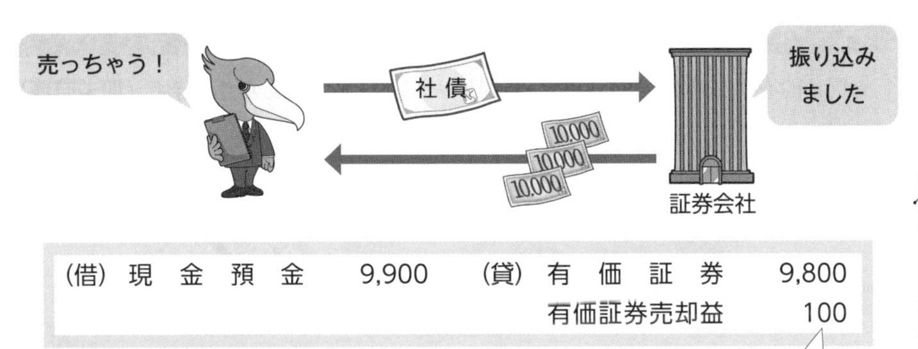

(借)			(貸)		
	現金預金	9,900		有価証券	9,800
				有価証券売却益	100

10,000円 ÷100円 ＝100口（口数）
@99円 ×100口 ＝9,900円（売却価額）
@98円 ×100口 ＝9,800円（帳簿価額）
9,900円 －9,800円 ＝100円（売却益）
売却価額　帳簿価額

上記社債を額面 100 円につき 97 円で売却した場合の仕訳

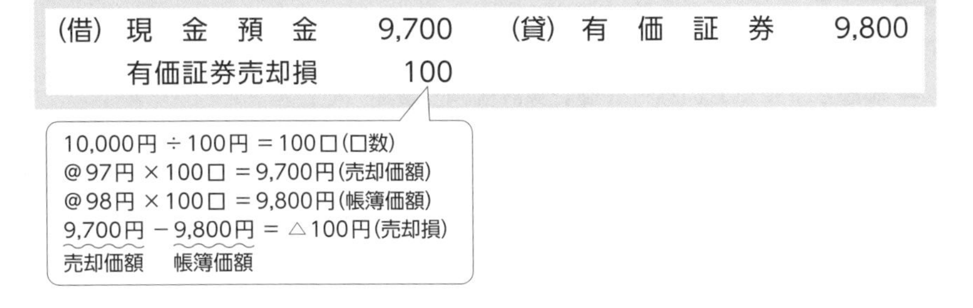

(借)			(貸)		
	現金預金	9,700		有価証券	9,800
	有価証券売却損	100			

10,000円 ÷100円 ＝100口（口数）
@97円 ×100口 ＝9,700円（売却価額）
@98円 ×100口 ＝9,800円（帳簿価額）
9,700円 －9,800円 ＝ △100円（売却損）
売却価額　帳簿価額

「**売却価額－帳簿価額**」が**プラス**になった場合、差額を「**有価証券売却益**（ゆうかしょうけんばいきゃくえき）（収益）」で処理します。

「**売却価額－帳簿価額**」が**マイナス**になった場合、差額を「**有価証券売却損**（ゆうかしょうけんばいきゃくそん）（費用）」で処理します。

「売却価額」は、売却代金の総額と考えてください。

差額の計算を、「売却価額－帳簿価額」とすることで、プラスで売却益、マイナスで売却損とすることができます。

決算時の処理

売買目的有価証券は、決算時に貸借対照表を作成するにあたり、**時価（期末時価）に評価替え**します。

帳簿価額と期末時価との差額は、当期の運用の結果として評価し、事業活動計算書に計上します。

超 重要

帳簿価額（取得原価）＞ 期末時価

⇒ **価値が下がっている…有価証券評価損**（費用）

帳簿価額（取得原価）＜ 期末時価

⇒ **価値が上がっている…有価証券評価益**（収益）

取引 売買目的有価証券（決算時①）

売買目的有価証券（帳簿価額500円）の期末時価は300円であった。

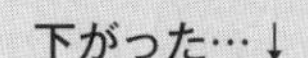

（借）	有価証券評価損	200	（貸）	有　価　証　券	200

有価証券評価損：差額は費用

有価証券：価値が下がった分を減らす

取引 売買目的有価証券（決算時②）

売買目的有価証券（帳簿価額500円）の期末時価は800円であった。

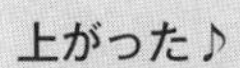

（借）	有　価　証　券	300	（貸）	有価証券評価益	300

有価証券：価値が上がった分を増やす

有価証券評価益：差額は収益

point

計算書類の記載区分

「有価証券売却益（評価益）・有価証券売却損（評価損）」：

事業活動計算書　サービス活動外増減の部

資金収支計算書　事業活動による収支

満期保有目的債券

満期保有目的債券とは？

利息を受け取ることを目的として、満期まで保有する社債・国債などの債券を満期保有目的債券（まんきほゆうもくてきさいけん）といい、「**投資有価証券**（固定資産）」で処理します。

満期保有目的債券の処理

満期保有目的債券の①**購入時**、②**利息の受取時**、③**決算時の処理**をみていきましょう。

満期まで保有するので、売買目的有価証券のように、売却時の処理は問題にはなりません。

①購入時の処理

売買目的有価証券と同様に、**付随費用も取得原価に含めます。**

取引　満期保有目的債券（購入時）

NS社の社債を額面100円につき94円で100口購入し、証券会社への手数料100円とともに小切手を振り出して支払った。購入したこの社債は、満期まで保有する予定である。

「満期まで保有」より

(借)	投資有価証券	9,500	(貸)	現金預金	9,500

@94円 × 100口 ＋ 100円 ＝ 9,500円

---

②利息の受取時の処理

社債・国債などの債券を保有していると、その債券の発行者より支払われる利息を受け取ることが出来ます。

利息を受け取ったときは、「**受取利息配当金収益（収益）**」で処理します。なお、利息は額面金額に利率を掛けて計算します（仕訳は113ページ参照）。

③決算時の処理

原則

売却するという前提がないので、決算時に時価による評価替えは行いません。

容認

額面金額と取得原価との差額が、**金利の調整**と認められる場合は、**償却原価法（定額法）**を適用して評価替えを行います。

償却原価法（定額法）とは、額面金額と取得原価との差額を、取得日から満期日（償還日）までの間に、毎期均等額を取得原価に加減して、満期日までに帳簿価額を額面金額にする方法です。

2級では、定額法を学習します。利息法は1級の範囲となります。
また、償却原価法を適用するさい、月割計算する場合もあります。

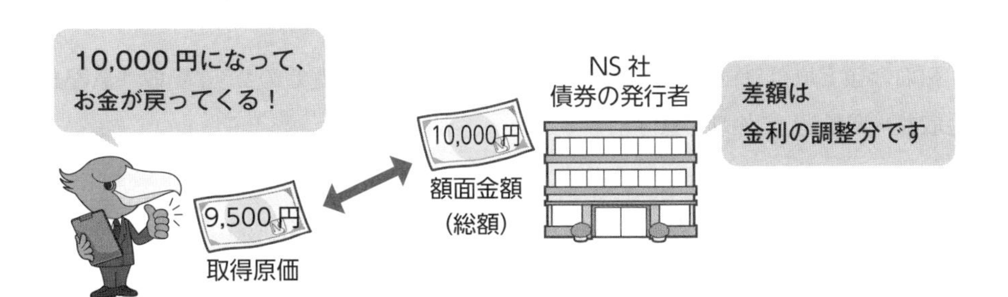

point

満期保有目的債券の決算時の処理

原則：評価替えはしない

容認：償却原価法（定額法）を適用して、評価替えを行う

取引　満期保有目的債券（決算時）

A社の社債（額面総額10,000円）を×1年4月1日（発行日）に額面100円につき95円で取得した。同社債の満期日は×6年3月31日である。額面金額と取得原価との差額は金利の調整と認められるため、決算（×2年3月31日）において償却原価法（定額法）を適用する。

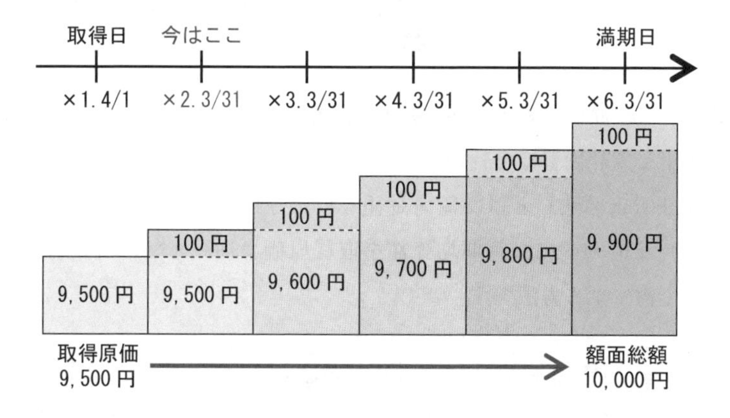

額面総額と取得原価との差額500円を5年間で均等割りするので、1年間に100円（= 500円÷5年）ずつ加算していきます。

額面金額と取得原価との差額は、金利の調整と認められるので、「**受取利息配当金収益（収益）**」で処理します。

(借)	投資有価証券	100	(貸)	受取利息配当金収益	100

なお、満期保有目的債券を**期中に取得**した場合の償却額は、**月割りで計算**します。したがって、仮に前記の取引で取得日が×1年7月1日（発行日）だった場合、次のように計算します。

$$(10,000\text{円} - 9,500\text{円}) \times \frac{9\text{カ月}\ (7/1 \sim 3/31)}{5\text{年} \times 12\text{カ月}} = 75\text{円}$$

超重要

償却原価法（定額法）の月割計算

当期分の償却額

$$= (\text{額面金額} - \text{取得原価}) \times \frac{\text{当期の保有月数}}{\text{取得日から満期日までの月数}}$$

取得が、発行と同時とは限りません。
債券の取得日から満期日までの月数が分母となります。

その他の有価証券

売買目的、あるいは満期保有目的以外で所有している株式や債券は、「**投資有価証券（固定資産）**」で処理します。**投資有価証券の中でも、満期保有目的債券以外のものは売却する場合があります**。

問題で出題された場合は「**有価証券（流動資産）**」の売却と同様の処理をします。

point

投資有価証券の売却

売却価額＞帳簿価額　⇒　投資有価証券売却益（収益）
売却価額＜帳簿価額　⇒　投資有価証券売却損（費用）

計算書類の記載区分

事業活動計算書　サービス活動外増減の部
資金収支計算書　その他の活動による収支

帳簿には円建てで記入する

30 外貨建資産

外貨建資産とは？

ドルやユーロなどの外貨で、現金や預金を所有している場合、決算書類に記載するためには外貨から円に換算する必要があります。

外貨による現金預金等の資産を**外貨建資産**といい、帳簿や計算書類に記入するときは、**為替レート**を用いて、**日本円に換算**してから記録します。

point

円建の金額 ＝ 為替レート × 外貨建の金額

為替レート…１ドル 120 円とか、１ユーロ 160 円とか、外貨を日本円に換算するときのレートです。

外貨建資産の評価替え

外貨建資産を保有している場合は、決算日において決算日レートで評価替えを行う必要があります。

この評価替えに伴い換算差額が生じた場合には「**為替差益**（収益）」または「**為替差損**（費用）」で処理をします。

取引　決算時の処理

期末における外貨建資産は次のとおりである。決算にあたり、換算替えを行う。なお、決算時の為替レートは1ドル110円である。

資産	帳簿価額	外貨建金額
現　　金	980円	10ドル

資産	帳簿価額	換算後の帳簿価額	為替差損益
現　　金	980円	@110円×10ドル＝1,100円	120円（益）

（借）現金預金　120　（貸）為替差益　120

point

計算書類の記載区分

「為替差益・為替差損」：

事業活動計算書　サービス活動外増減の部

資金収支計算書　事業活動による収支

有価証券と外貨建資産の評価

確認テスト

答え：P.211

❶ 有価証券

次の取引を仕訳しなさい。なお、勘定科目は語群から選択すること。

語群：現金預金　有価証券　投資有価証券
投資有価証券売却益　有価証券評価益
投資有価証券売却損　有価証券評価損

(1)　保存していた帳簿価額 440 千円の投資有価証券を 488 千円で売却し、代金が普通預金に振り込まれた。

(2)　保有している帳簿価額 1,245 千円の有価証券を時価 1,222 千円に評価替えした。

答案用紙

（単位：千円）

	借方科目	金額	貸方科目	金額
(1)				
(2)				

❷ 外貨建資産

次の取引を仕訳しなさい。なお、勘定科目は語群から選択すること。

語群：現金預金　　為替差益　　為替差損

(1)　決算に際し、12,000ユーロ（帳簿価額1,620千円）を期末時点の為替相場（1ユーロ；138円）で換算した。

第10回出題

(2)　現金預金に含まれている1,200千米ドルにつき、為替レートが1米ドル110円から108円となったため、損失を計上した。

第12回出題

答案用紙

（単位：千円）

	借方科目	金額	貸方科目	金額
(1)				
(2)				

Column

認定こども園が増えている！

「認定こども園」とは、2006年に就学前の児童が通う施設として、「幼稚園」「保育所」に加え3つ目の選択肢として、内閣府によって導入された施設です。

もともと、幼稚園は3歳にならないと利用できないので、3歳未満の子供を預けて働く家庭では、必然的に保育所を選択せざるを得ませんでした。

また、幼稚園では標準利用時間が1日4時間程度なので、フルタイムでの共働きの場合もやはり保育所という選択肢しかなかったのです。

しかし、3つ目の選択肢として登場した認定こども園は、幼児教育を主体とする幼稚園と、児童福祉としての保育主体である保育所の、両方の良さを兼ね備えていると言われています。

また、認定こども園は「待機児童」問題の解消にも期待されています。

専業主婦世帯と共働きの世帯の割合は、2000年にほぼ同数となり、2020年には共働きの世帯が専業主婦の世帯の2倍以上になっています(厚生労働白書より)。

育児休暇制度の導入などにより、出産しても働き続ける選択をする女性が圧倒的に増えてきた中で、認定こども園の存在は、共働き世帯の救世主となるのでしょうか？

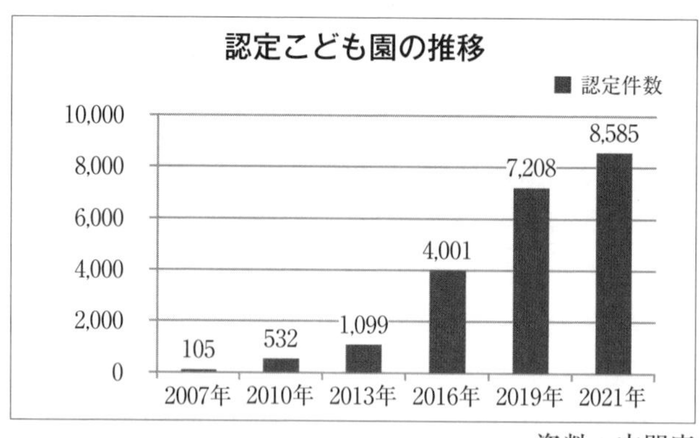

資料：内閣府

第6章

純資産の会計処理

第６章では、基本金の組入れや国庫補助金等特別積立金の積立てと取崩しを学習します。

特に国庫補助金等特別積立金については、固定資産の減価償却と積立金の取崩しをセットで考える必要があるので、しっかり理解していきましょう。

31 基本金の組入れと取崩し

純資産の部の構成

貸借対照表

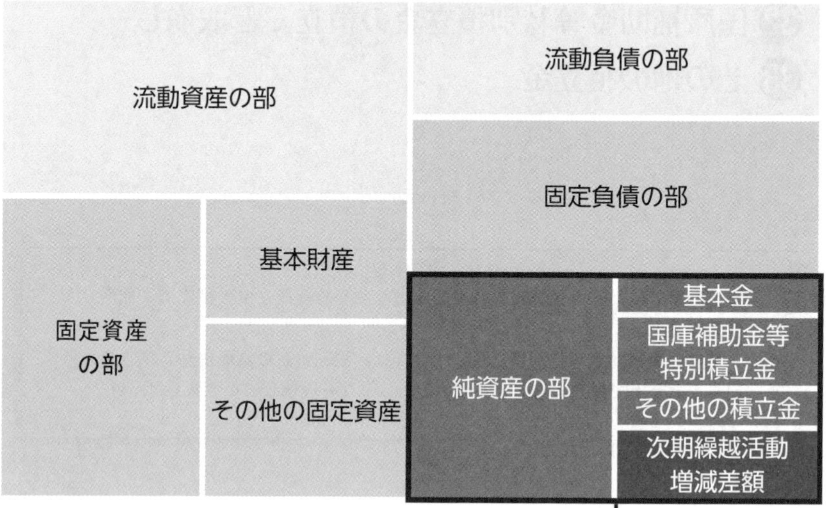

<table>
<tr><td colspan="2">流動資産の部</td><td colspan="2">流動負債の部</td></tr>
<tr><td rowspan="2">固定資産の部</td><td>基本財産</td><td colspan="2">固定負債の部</td></tr>
<tr><td>その他の固定資産</td><td>純資産の部</td><td>基本金
国庫補助金等特別積立金
その他の積立金
次期繰越活動増減差額</td></tr>
</table>

＜純資産の部＞

1．基本金……………………………事業開始等に当たって財源として受け入れた寄附金

2．国庫補助金等特別積立金…施設及び設備の整備のために国、地方公共団体等から受領した補助金、助成金、交付金等

3．その他の積立金……………将来の特定の目的の費用又は損失の発生に備えるため、理事会の決議に基づき当期末繰越活動増減差額から積立金として積み立てたもの

4．次期繰越活動増減差額……「社会福祉法人がこれまでに生み出した利益を積み立てた額」で、法人内部に蓄積されているもの

その他の積立金は、建物の改修等を目的とする「施設整備等積立金」など、目的を示す名称にして「○○積立金」として積立てを行います。

基本金とは

基本金には、社会福祉法人が事業開始等にあたって財源として受け入れた寄附金の額を計上するものです。

基本金は、次の３つの種類に要約できます。

① 法人設立・施設の創設及び増築等の**基本財産等取得**のための寄附金

② ①の資産の取得等に係る**借入金返済に充てるもの**として指定された寄附金

③ 創設等のため**保持すべき運転資金**への寄附金

基本金の仕訳

受け取った寄附金の会計処理は、「**施設整備等寄附金収益**」で、いったん事業活動計算書の**収益**に計上し、その後、その金額を「**基本金組入額**」として**費用**に計上するとともに、純資産の「**基本金**」とします。

取引　寄附金を受け入れたときの仕訳

施設増築のため基本財産を取得するよう指定された寄附金2,000円の振り込みを受けた。

(借) 現　金　預　金	2,000	(貸) 施設整備等寄附金収益	2,000

取引　基本金を組み入れるときの仕訳

受け取った寄附金2,000円について基本金に組み入れた。

施設増築の基本となるお金だから「基本金」で計上します。

(借) 基本金組入額	2,000	(貸) 基　本　金	2,000

超 重要

基本金組入額は費用ですが、支払いなどで流動資産が減少しないので、資金収支計算書に計上しません。

基本金の取崩し

社会福祉法人が事業を廃止し、建物などの基本財産を処分した場合は、基本金を取崩します。ただし、社会福祉法人が事業を廃止することは極めて稀なケースです。

取引　基本金を取崩すときの仕訳

事業を廃止するため、基本財産である建物と車輌運搬具を処分することとなった。建物と車輌運搬具には、基本金として2,000円が組入れられており、すべて取崩すこととする。

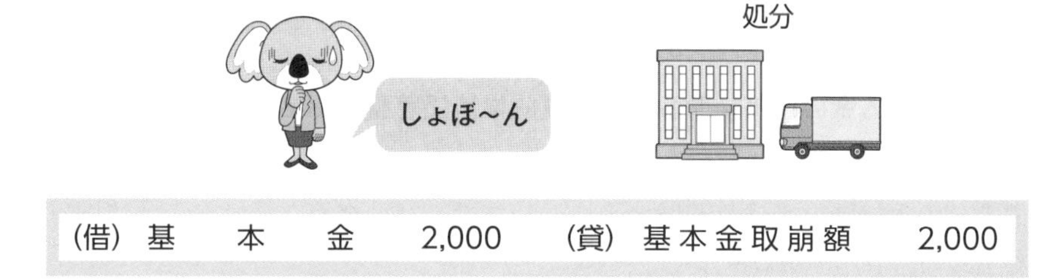

(借)	基本金	2,000	(貸)	基本金取崩額	2,000

「基本金取崩額」は貸方にくるため、収益としてイメージしましょう！
「基本金取崩額」は事業活動計算書において、一番下にある「繰越活動増減差額の部」に記載されます。

超重要

基本金取崩額は次期繰越活動増減差額を増加させますが、流動資産及び流動負債が増減することはありません。
そのため、資金収支計算書に計上しません。

施設整備目的の補助金はいったん積立金とします

32 国庫補助金等特別積立金の積立てと取崩し

国庫補助金等特別積立金とは

施設及び設備の整備のために**国、地方公共団体等**からの**補助金、助成金、交付金等**を受けたさいに、「**国庫補助金等特別積立金**」として**純資産の部**に計上します。

具体的には次の２つの場合があげられます。

①施設及び設備の整備のために受領した補助金等

固定資産以外のもの（10万円未満）についても、購入などにさいし補助金等を受け取った場合、国庫補助金等特別積立金として処理します。

②設備資金借入金の返済補助金等で実質的に施設等整備事業に対する補助金等に相当するもの

借入金の返済時に受ける補助金等については、補助金等を受け取る度に国庫補助金等特別積立金に積立てます。

国庫補助金等特別積立金の仕訳

交付を受けた国庫補助金等の会計処理は、「**施設整備等補助金収益**」で、いったん事業活動計算書の**収益**に計上し、その後、同額を「**国庫補助金等特別積立金積立額**」として**費用**に計上します。

取引 国、地方公共団体等から補助金等を受けたときの仕訳

施設増築のため基本財産の取得にあたり国庫補助金2,000円の振り込みを受けた。

(借)	現金預金	2,000	(貸)	施設整備等補助金収益	2,000

取引 国庫補助金等特別積立金を積立てるときの仕訳

交付を受けた国庫補助金2,000円について国庫補助金等特別積立金に積立てた。

国からの交付金だから「国庫補助金等特別積立金」に計上します。

(借)	国庫補助金等特別積立金積立額	2,000	(貸)	国庫補助金等特別積立金	2,000

超重要

国庫補助金等特別積立金積立額は費用ですが、支払いが発生しないので、現金などの流動資産は減少しません。
そのため、資金収支計算書に計上しません。

国庫補助金等特別積立金の取崩し

国庫補助金等特別積立金の積立ての処理は、基本金の組入れと勘定科目が異なるだけで、まったく同じです。しかし、取崩しに関しては、異なります。基本金の取崩しは事業の廃止のときに行うのに対して、**国庫補助金等特別積立金の取崩しは、決算にさいして行う減価償却に合わせて行います**。

国庫補助金等特別積立金取崩額の計算と仕訳

国庫補助金等特別積立金の取崩額の計算は、対象となる資産の減価償却費を計算するときの償却率を積立初年度の国庫補助金等特別積立金の金額に乗じて行います。

point

国庫補助金等特別積立金取崩額 ＝
積立初年度の国庫補助金等特別積立金 × 対象資産の減価償却率

取引　国庫補助金等特別積立金取崩額の計算と仕訳

決算にさいし、建物（取得価額200,000円、耐用年数5年、定額法、償却率年0.2）の減価償却費を40,000円計上した。なお、当該建物は、補助金80,000円を受領しており、国庫補助金等特別積立金を取崩した。

(借)	国庫補助金等特別積立金	16,000※	(貸)	国庫補助金等特別積立金取崩額	16,000

※80,000×0.2＝16,000
補助金支給の対象となった固定資産の取得価額と補助金の比率は、減価償却費に対する積立金の取崩額の比率と同じ40%になっています。

　また、国庫補助金等の対象となる資産が**売却された場合**には、積立てられていた国庫補助金等特別積立金を**全額取崩します**。

　「費用のマイナス」というと不自然に思いますが、収益としてイメージしましょう！「国庫補助金等特別積立金取崩額」は事業活動計算書において、**「サービス活動増減の部」**の**「費用」**に記載されます。
　また、**売却のとき**の「国庫補助金等特別積立金取崩額」は事業活動計算書において、**「特別増減の部」**の**「費用」**に記載されます。

超 重要

国庫補助金等特別積立金取崩額は費用のマイナスとなりますが、流動資産及び流動負債が増減することはありません。そのため、資金収支計算書に計上しません。

＜国庫補助金等特別積立金を減価償却費と同時に取崩す理由＞

ここで国庫補助金等特別積立金を積立てなかった場合と積立てて減価償却費と同時に取崩す場合とを比較してみましょう！

建物（取得価額200,000円、耐用年数５年、定額法）を×１年度期首に取得し、その際に80,000円の国からの補助金を受けた。×１年度から×５年度の事業活動計算書はどうなるでしょう？

①国庫補助金等特別積立金を積立てなかった場合

事業活動計算書					
	×１年度	×２年度	×３年度	×４年度	×５年度
減価償却費（費用）	△40,000	△40,000	△40,000	△40,000	△40,000
施設整備等補助金収益（収益）	80,000				
当期活動増減差額	40,000	△40,000	△40,000	△40,000	△40,000

当期活動増減差額は×１年度に収益が偏ってしまいます。

②国庫補助金等特別積立金を積立てて減価償却費と同時に取崩す場合

事業活動計算書					
	×１年度	×２年度	×３年度	×４年度	×５年度
減価償却費（費用）	△40,000	△40,000	△40,000	△40,000	△40,000
施設整備等補助金収益（収益）	80,000				
国庫補助金等特別積立金積立額（費用）	△80,000				
国庫補助金等特別積立金取崩額（費用のマイナス）	16,000	16,000	16,000	16,000	16,000
当期活動増減差額	△24,000	△24,000	△24,000	△24,000	△24,000

当期活動増減差額は各年度同じになります。

①は、補助金80,000円が×１年度に一気に収益として計上されてしまうのに対し、②では各年度に補助金16,000円が均等に配分されることになり、減価償却費とセットにすることで、より正しい当期活動増減差額を計算することができるのです。

その他の積立金

その他の積立金とは

「その他の積立金」とは、将来の特定の目的の費用又は損失の発生に備えるため、社会福祉法人が理事会の決議に基づき、事業活動計算書の当期末繰越活動増減差額から振り替えて計上することができる積立金のことをいいます。

そのさいは、積立ての目的を示す名称をつける必要があります。

あくまでも当期末繰越活動増減差額がプラスでないと、積立てる資金がないため、積立てることができません。

つまり財政状態が良好なときにしか積立てられません。

その他の積立金の仕訳

その他の積立金の会計処理は、特定の目的に必要な積立て金額を「○○**積立金積立額**（費用）」として計上します。

取引　その他の積立金（施設整備等積立金）積立ての仕訳

決算理事会において、建物の改修のために施設整備等積立金2,000円の積立てを決議し、同額の資産を積立てた。

施設の改修が目的だから「施設整備等積立金」に計上しよう。

（借）	施設整備等積立金積立額	2,000	（貸）	施設整備等積立金	2,000

「○○積立金積立額」は借方にくるため、費用としてイメージしましょう！
「○○積立金積立額」は事業活動計算書において、一番下にある「繰越活動増減差額の部」に記載されます。

超 重要

○○積立金積立額は次期繰越活動増減差額を減少させますが、支払いが発生することはなく、流動資産及び流動負債が増減することはありません。
そのため、資金収支計算書に計上しません。

取引　その他の積立金（施設整備等積立金）取崩しの仕訳

決算理事会において、建物の改修のために施設整備等積立金2,000円の取崩しを決議し、同額の資産を取崩した。

(借)	施設整備等積立金	2,000	(貸)	施設整備等積立金取崩額	2,000

「○○積立金取崩額」は貸方にくるため、収益としてイメージしましょう！
「○○積立金取崩額」は事業活動計算書において、一番下にある「繰越活動増減差額の部」に記載されます。

超 重要

○○積立金取崩額は次期繰越活動増減差額を増加させますが、支払いが発生することはなく、流動資産及び流動負債が増減することはありません。
そのため、資金収支計算書に計上しません。

純資産の会計処理

確認テスト

答え：P.212

❶ 次の空欄に当てはまる適切な語句または金額を記入しなさい

(1)　×1年7月9日に、2,080千円の補助金を受けて2,688千円で施設建物の消化・排煙設備を設置した。この場合、×1年度決算における当該消火・排煙設備の減価償却費は（　　　）千円、国庫補助金等特別積立金取崩額は（　　　）千円である。なお、減価償却費は定額法により、耐用年数を8年（償却率0.125）、残存価額をゼロ、千円未満の端数を四捨五入することとする。

(2)　会計基準では、「社会福祉法人が事業の一部又は全部を（　　　）し、かつ基本金組み入れの対象となった基本財産又はその他の固定資産が廃棄され、又は売却された場合」に基本金を取り崩すこととされている。

(3)　国庫補助金等特別積立金に計上される国庫補助金等には、いわゆる民間公益補助事業による助成金等が（　　　）。

(4)　施設の創設に係る設備資金借入金の償還を目的とした寄附金を受領したときは、施設整備等寄附金収益（収入）に計上するとともに、（　　　）を計上しなければならない。

(5)　×1年9月中旬に災害報知設備の更新工事を実施した。工事費用は2,560,000円で、補助金1,800,000を受けて、10月1日から使用している。この場合、×1年度決算における災害報知設備（建物付属設備）の減価償却費は（　　　）円、国庫補助金等特別積立金取崩額は（　　　）円である。なお、減価償却は定額法により、耐用年数を8年（償却率0.125）、残存価額をゼロとする。

第7章

決算

- ㉞ 決算手続き
- ㉟ 徴収不能引当金
- ㊱ 賞与引当金
- ㊲ 退職給付引当金と退職給付引当資産
- ㊳ 役員退職慰労引当金
- ㊴ 試算表の作成

通常、仕訳は取引があって行われるものですが、決算整理仕訳は「正しい姿（金額）にするために行う仕訳」です。

貸借対照表項目…期末の残高を表している姿
事業活動計算書項目…当期の活動増減差額を表している姿
資金収支計算書項目…当期の支払資金の増減を表している姿

決算の流れをしっかりと理解していきましょう。

34 決算手続き

月次報告と試算表

日々の取引の記録や転記が正しく行われているかをチェックするために毎月１回、月末に試算表を作成することは会計３級で学習しました。

このように、月に１度作成される試算表のことを**「月次試算表」**といいます。

月次試算表は、毎月の記録や転記のチェックだけではなく社会福祉法人運営においての現状把握にも役立ちます。

月次試算表の作成から公開までの一連の手続きを「月次報告」または「月次決算」といいます。

月次決算の目的

月次決算を行う主な目的としては、次のような事が考えられます。

① 早期に問題点を発見し解決策を講じる。

② 事業計画との対比によって、計画と乖離していないかを確認し、乖離している場合には事業計画の見直しが必要かを判断する。

③ 年度決算の予測を行う。

④ 毎月帳簿を整理することで、年次決算の業務を軽減する。

常に現状を把握しておくことで、いち早く軌道修正をすることが可能になるんですね。

月次決算の流れ

月次決算は、次の手順で行います。

① 現金及び預金残高の照合

② 事業収益の未収計上

③ 事業費、事業費、事務費の未払計上

④ 減価償却費及び国庫補助金等特別積立金の月割計上

⑤ 賞与引当金、退職給付引当金の月割計上

なお、④、⑤の処理については年次決算で計上する場合と処理方法は同じですが、金額については年間計上額を 12 で割った金額になります。

決算とは？

決算とは、期末において**財政状態**（財産がいくらあるのか）と**経営成績**（どれだけ当期活動増減差額があったか）、**資金収支**（支払資金の増減）を明らかにするための手続きです。

決算の流れ

決算の流れは、次のとおりです。

Step 1 決算整理前残高試算表の作成

総勘定元帳の各勘定を締切り、決算整理前残高試算表を作成します。

Step 2 決算整理

試算表に記載された金額を、決算時に正しいものに修正します。これを**決算整理**といいます。

Step 3 決算整理後残高試算表の作成

決算整理前の残高試算表に決算整理事項を加算・減算して、決算整理後残高試算表を作成します。

Step 4 計算書類の作成

会社の財政状態や経営成績、資金収支を報告するために、**貸借対照表、事業活動計算書、資金収支計算書**を作成します。

徴収不能引当金

徴収不能額とは？

事業未収金（利用者負担金などの代金）が徴収できなくなった場合、その額を**徴収不能額**といいます。

当期に発生した利用者負担金などの徴収不能額

当期に利用者負担金などの事業未収金が発生したということは、下記仕訳のように当期に事業収益を計上していることを意味します。

(借) 事業未収金	10,000	(貸) ○○事業収益	10,000

この事業未収金が当期に徴収できなくなると、事業未収金を減らすとともに「**徴収不能額（費用）**」を計上します。

取引　当期発生・徴収不能額は？

当期に発生した事業未収金のうち、150円が徴収不能となった。

(借) 徴収不能額	150	(貸) 事業未収金	150

当期に計上した収益に起因して徴収不能が起こっているので、徴収不能額は当期の収益に対応する費用として事業活動計算書に計上されます。

point

計算書類の記載区分

「徴収不能額」：事業活動計算書　サービス活動増減の部

当期に計上した収益と徴収不能額による費用が、１つの会計期間で対応しているので、この処理でOK！

前期に発生した事業未収金などが、当期に徴収不能となったら

前期に発生した事業未収金が当期になってから徴収不能となると、収益（○○事業収益）は前期に計上され、費用（徴収不能額）は当期に計上されることになってしまいます。

前期

(借)	事業未収金	10,000	(貸)	○○事業収益	10,000

決算

事業活動計算書

	○○事業収益　10,000

当期

(借)	徴収不能額	10,000	(貸)	事業未収金	10,000

これでは、収益と費用が対応していません。

また、間に決算が入っていて、前期の活動増減差額は公表されているため修正もできません。

徴収不能引当金と徴収不能引当金繰入

当期に計上した事業未収金などの金銭債権が、翌期に徴収不能となってしまうことがあります。

そこで、当期の決算において翌期に徴収不能となりそうな金額を見積りあらかじめ「**徴収不能引当金繰入（費用）**」として計上しておきます。

しかし、当期の決算の時点では実際に事業未収金などの債権が徴収不能になっていないので、事業未収金などの金額を直接減額せず、「**徴収不能引当金（資産のマイナス）**」という勘定を用いて間接的に控除します。

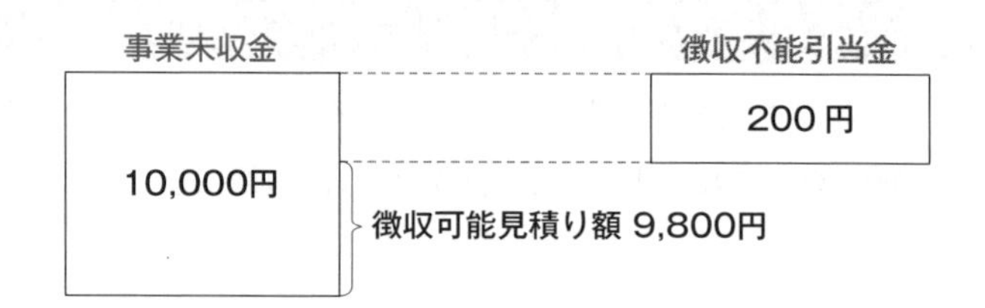

事業未収金10,000円から徴収不能引当金200円を差し引いた9,800円が決算日時点での事業未収金の評価額となります。

徴収不能引当金の設定

徴収不能引当金を設定するさい、徴収不能見積額は、次のように計算します。

超 重要

徴収不能見積額 ＝ **事業未収金などの債権の期末残高 × 徴収不能実積率**

取引 徴収不能引当金の設定

決算につき、事業未収金の期末残高に対して、２％の徴収不能を見積もる。なお、事業未収金の期末残高は10,000円である。

(借)	徴収不能引当金繰入	200＊	(貸)	徴収不能引当金	200

＊10,000円×２％＝200円

point

計算書類の記載区分

「徴収不能引当金」:

　　貸借対照表　流動資産の部（マイナス項目として記載）

「徴収不能引当金繰入」:

　　事業活動計算書　サービス活動増減の部

超重要

徴収不能引当金繰入は費用ですが、支払いは発生しませんので、資金収支計算書に計上しません。

徴収不能引当金の残高がある場合

決算のさい、徴収不能見積額を徴収不能引当金として計上しますが、決算整理前に徴収不能引当金の残高がある場合、「**徴収不能見積額**」と「**決算整理前の徴収不能引当金の残高**」との差額を徴収不能引当金として計上します。

この処理方法を**差額補充法**(さがくほじゅうほう)といいます。

point

差額補充法 … 徴収不能見積額と徴収不能引当金の残高との差額を徴収不能引当金として計上する方法

取引 徴収不能引当金の設定（差額補充法）

決算につき、事業未収金の期末残高に対して、２%の徴収不能を見積もる。なお、事業未収金の期末残高は10,000円、徴収不能引当金の期末残高は50円であり、徴収不能引当金の設定は差額補充法による

(借)	徴収不能引当金繰入	150＊	(貸)	徴収不能引当金	150

＊10,000円×２%＝200円
200円（徴収不能見積額）－ 50円（徴収不能引当金の残高）＝150円(繰入)

徴収不能引当金勘定は、事業未収金などの債権の貸借対照表上の金額を決めている評価勘定です。

事業未収金 10,000 円 − 徴収不能引当金 200 円 = 9,800 円← B/S の価額

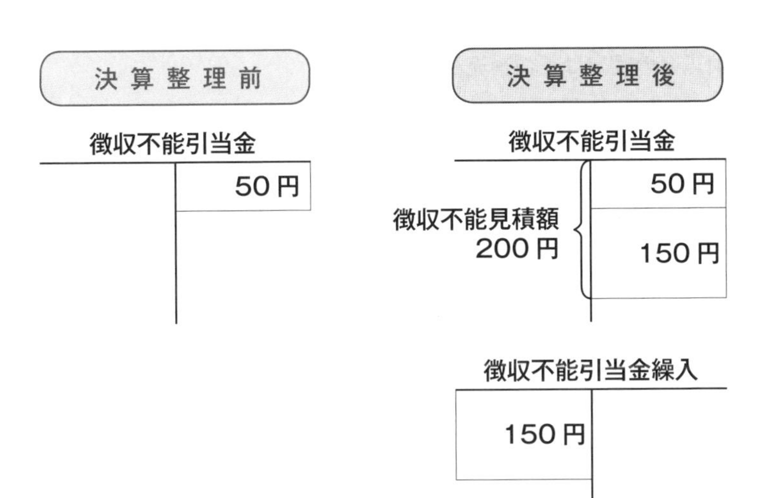

当期の徴収不能見積額が、当期末の徴収不能引当金残高よりも少ない場合は、前期の徴収不能額の見積もりが過剰だったということになりますので、過剰分の徴収不能引当金を減少させるとともに「**徴収不能引当金戻入益**（収益）」を計上し、当期の収益とします。

point

計算書類の記載区分

「徴収不能引当金戻入益」：事業活動計算書　特別増減の部

取引　徴収不能引当金の戻入れ

決算につき、事業未収金の期末残高に対して、２％の徴収不能を見積もる。なお、事業未収金の期末残高は 10,000 円、徴収不能引当金の期末残高は 220 円であり、徴収不能引当金の設定は差額補充法による。

(借)	徴収不能引当金	20	(貸)	徴収不能引当金戻入益	20 *

＊ 10,000 円×２％＝200円

200円 － 220円＝△20円(戻入)

200円：徴収不能見積額
220円：徴収不能引当金の残高

超重要

徴収不能引当金戻入は収益ですが、現金などを受けとることはありませんので、資金収支計算書に計上しません。

実際に徴収不能となった場合

前期以前に発生した事業未収金などが実際に徴収不能となってしまった場合は、徴収不能となった事業未収金などの金額を減少させるとともに、徴収不能引当金も減少させます。

取引 徴収不能の処理 ①徴収不能金額＜徴収不能引当金

前期に発生した事業未収金130円が徴収不能となった。なお、徴収不能引当金の残高は200円である。

前期発生の事業未収金が回収できなかった…

でも想定内だから、徴収不能引当金を使えばいいわ！

(借)	徴収不能引当金	130	(貸)	事業未収金	130

超 重要

実際に事業未収金が徴収不能となった場合は、流動資産である事業未収金が減少するので、資金収支計算書に計上します。

なお、徴収不能となった金額が、徴収不能引当金の残高を超えている場合、その超えた部分については「**徴収不能額（費用）**」で処理します。

引当金の残高を超えて徴収不能となった場合、その分は仕方がないので当期の費用とします。

取引　徴収不能の処理　②徴収不能金額＞徴収不能引当金

前期に発生した事業未収金230円が徴収不能となった。なお、徴収不能引当金の残高は200円である。

（借）	徴収不能引当金	200	（貸）	事業未収金	230
	徴収不能額	30*			

＊230円－200円＝30円

point

徴収不能引当金

①決算のとき

ⅰ徴収不能見積額＞徴収不能引当金残高

（借）	徴収不能引当金繰入	××	（貸）	徴収不能引当金	××

ⅱ徴収不能見積額＜徴収不能引当金残高

（借）	徴収不能引当金	××	（貸）	徴収不能引当金戻入益	××

②徴収不能のとき

ⅰ前期発生分

（借）	徴収不能引当金	××	（貸）	事業未収金等	××

ⅱ当期発生分

（借）	徴収不能額	××	（貸）	事業未収金等	××

36 賞与引当金

賞与引当金の処理

決算にさいして、次期に職員に対して支給する賞与のうち、当期負担分について「**賞与引当金**（負債）」を設定します。

①決算時

賞与引当金の当期繰入額を「**賞与引当金繰入**（費用）」で処理します。

取引 賞与引当金（決算時）

決算において、次期に支給予定の賞与12,000円のうち当期負担分10,000円を引当金として設定した。

(借)	賞与引当金繰入	10,000	(貸)	賞 与 引 当 金	10,000

②賞与支給時

賞与を支給したときは、前期末の決算で設定していた「**賞与引当金**（負債）」を取り崩し、当期負担分は「**職員賞与**（費用）」で処理します。

取引　賞与引当金（支給時）

従業員に対する賞与12,000円を普通預金口座から振り込んだ。なお、賞与引当金の残高は10,000円である。

（借）	賞与引当金	10,000	（貸）	現金預金	12,000
	職員賞与	2,000			

12,000円－10,000円＝2,000円

なお、賞与の支払いにあたり、従業員の源泉所得税や従業員負担の社会保険料を天引きした場合には、天引き分を「**職員預り金**（あずかりきん）（**負債**）」で処理します。

例　1,800円の源泉所得税を天引きした場合

（借）	賞与引当金	10,000	（貸）	現金預金	10,200
	職員賞与	2,000		職員預り金	1,800

超重要

賞与引当金繰入は費用ですが、支払いが発生しませんので、資金収支計算書に計上しません。

賞与引当金は、1年以内に支払う予定のものなので、**流動負債**の区分に表示されます。ただし、引当金は支払資金には含まれないのでしたね！

賞与引当金の計算

賞与引当金の計算方法について、「運用上の留意事項」（課長通知）では以下のように規定しています。

> **運用上の留意事項**
>
> **（課長通知）**
>
> **18　引当金について**
>
> (2)　賞与引当金について
>
> 賞与引当金の計上は、法人と職員との雇用関係に基づき、毎月の給料の他に賞与を支給する場合において、翌期に支給する職員の賞与のうち、支給対象期間が当期に属する支給見込額を賞与引当金として計上する。

この規定に基づいて、実際に賞与引当金を計算してみましょう。

取引　賞与引当金の計算

×2年度の夏期賞与の支給見込み額は、次のとおりである。
×1年度決算期末に引き当てるべき賞与引当金の金額を計算しなさい。

支給月	支給対象期間	支給額
×2年6月	×1年12月～×2年5月	6,600円

解答　4,400円

×1年度負担（×1年12月～×2年3月）分は4カ月分なので

$$6{,}600\text{円} \times \frac{4\text{カ月}}{6\text{カ月}} = 4{,}400\text{円}$$

社会保険料を含む場合

取引 社会保険料を含む場合

×２年度の夏期賞与の支給見込み額は、次のとおりである。

×１年度決算期末に引き当てるべき賞与引当金の金額を計算しなさい。なお、賞与引当金は、社会保険料事業主負担分を含めて設定している。

支給月	支給対象期間	支給額
×２年6月	×１年12月〜×２年5月	6,600円 (別途社会保険料事業主負担額 1,200円)

解答　5,200円（うち社会保険料事業主負担分 800円）

×１年度負担（×１年12月〜×２年３月）分は４ヵ月分なので

賞与支給分：6,600円× $\frac{4ヵ月}{6ヵ月}$ ＝ 4,400円

社会保険料事業主負担分：1,200円× $\frac{4ヵ月}{6ヵ月}$ ＝ 800円

4,400円＋ 800円＝ 5,200円

退職時に支給するため、当期の分を費用として計上する

37 退職給付引当金と退職給付引当資産

退職給付引当金とは？

退職金は、従業員が入社してから退職するまで、働いたことに対する報酬として支払うものなので、退職時に一括して費用とするのは、適切ではありません。

当期に従業員が働いたことに対して、次期以降に生じると予想される退職金の支払いに備えて引当金を設定し、「**退職給付引当金**（負債）」で処理します。

退職給付引当金の処理

①決算時

退職給付引当金の当期繰入額は、「**退職給付費用**（費用）」で処理します。

取引 退職給付引当金（決算時）

決算において、退職給付引当金800,000 円を繰り入れた。

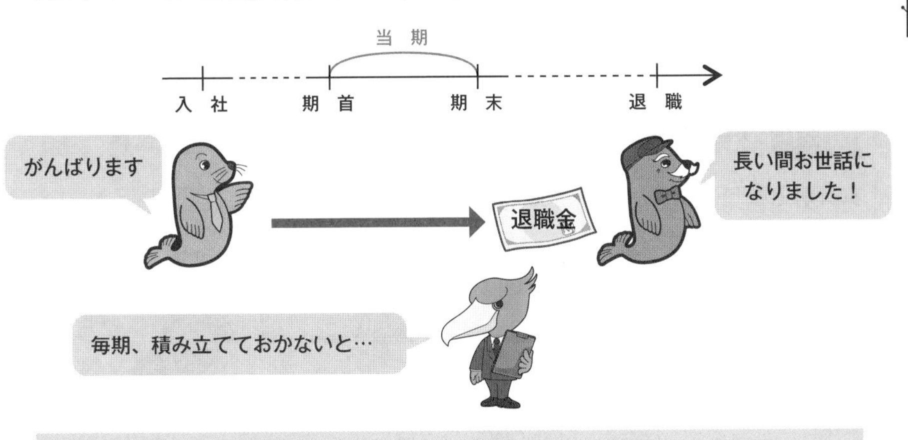

(借) 退職給付費用	800,000	(貸) 退職給付引当金	800,000

「退職給付引当金繰入」は用いないのが一般的です。

退職給付引当金**繰入ではなく**、退職給付**費用**となるので注意！
また、退職給付引当金は、**固定負債**の区分に計上されます。

超 重要

退職給付費用は費用となりますが、支払いは発生しないので、資金収支計算書に計上しません。

point

＜引当金の貸借対照表の表示区分＞

徴収不能引当金 ⇒ 流動資産のマイナス
賞 与 引 当 金 ⇒ 流動負債
退職給付引当金 ⇒ 固定負債

②退職金の支払時

退職金を支払ったときは、「**退職給付引当金（負債）**」を取り崩します。

取引 退職給付引当金（支払時）

職員が退職したので、退職金500,000 円を現金で支払った。

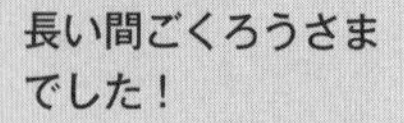

感無量
です…

（借）退職給付引当金	500,000	（貸）現　金　預　金	500,000

独立行政法人福祉医療機構の実施する社会福祉施設職員等退職手当共済制度

社会福祉法人の職員に対する退職金制度として、**独立行政法人福祉医療機構**が実施する**社会福祉施設職員等退職手当共済制度**があります。

社会福祉法人がこの退職金制度に加入した場合、掛金の拠出以後に追加的な負担が生じないため、掛金を費用処理するだけで、引当金の計上は不要になります。

取引 掛金拠出時の仕訳

独立行政法人福祉医療機構の実施する退職共済制度の掛金2,000円を支払った。

(借) 退職給付費用	2,000	(貸) 現金預金	2,000

都道府県等の実施する確定給付型の退職共済制度

多くの法人では、**都道府県等**の実施する**確定給付型の退職共済制度**を採用しています。この場合には、退職給付引当金と同額の積立資産として「**退職給付引当資産**（固定資産）」を計上します。

取引 ①掛金拠出時の仕訳

都道府県等の実施する確定給付型の退職共済制度の掛金200円（法人負担分）を支払った。なお、退職給付引当金は既に計上済みである。

(借) 退職給付引当資産	200	(貸) 現金預金	200

退職給付引当資産は退職給付引当金（固定負債）と対になっているとイメージしましょう！そのため、退職給付引当資産は固定資産になります。

取引 ②支給時の仕訳

当法人では、都道府県等の実施する退職共済制度を採用しており、掛金累計額と同額の退職給付引当金を計上する方法によって会計処理を行っている。

職員の退職に伴って退職共済会からの支給報告にもとづき、退職金1,000円を支給した。なお、退職職員に対する退職給付引当金残高および退職給付引当資産残高はともに800円であり、退職金支給額は、共済会から法人に対して振り込まれた後、法人から職員に対して支給した。

(借)			(貸)		
(借)	現金預金	1,000	(貸)	退職給付引当資産	800
				その他の収益	200

(借)			(貸)		
(借)	退職給付引当金	800	(貸)	現金預金	1,000
	退職給付費用	200			

まず、退職共済会から振り込まれた1,000円については、退職給付引当資産を取崩すとともに、200円多くもらったため、その他の収益で200円を計上します。そして、支給した1,000円に対しては、退職給付引当金を800円減らすとともに、200円多く支給したため、追加分として退職給付費用を計上します。

貸方の退職給付引当資産800円の取崩しについては、**資金収支計算書上**では、「**退職給付引当資産取崩収入**」として計上します。

取引 ③決算時の仕訳

決算に際し、退職給付引当金残高が退職給付引当資産残高と同額になるように200円を引き当て計上した。

(借)			(貸)		
(借)	退職給付費用	200	(貸)	退職給付引当金	200

役員の退職時に支給するため、当期の分を費用計上

38 役員退職慰労引当金

役員退職慰労金引当金とは

役員退職慰労引当金は、法人の役員（理事及び監事）に対する退職慰労金の支払いに備え、支給見込額のうち、当年度末において発生したと認められる額を計上するための引当金です。

役員退職慰労引当金の処理

役員退職慰労引当金の当期繰入額は、「**役員退職慰労引当金繰入（費用）**」で処理します。

取引　役員退職慰労引当金（決算時）

決算において、役員退職慰労引当金200円を繰り入れた。

(借)	役員退職慰労引当金繰入	200	(貸)	役員退職慰労引当金	200

超重要

役員退職慰労引当金繰入は費用ですが、支払いが発生しないので、資金収支計算書に計上しません。

39 試算表の作成

試算表の作成

計算書類を作成するための計算、下書き用紙として、次のような試算表を用いることがあります。

この試算表は次のように作成していきます。

（単位：千円）

借方					貸方				
科目	①前残高	② 修正		③後残高	科目	①前残高	② 修正		③後残高
		借方	貸方				借方	貸方	
現金預金	140,000				事業未払金	4,600			
事業未収金	1,100				職員預り金	1,400			
未収補助金	40,000				1年以内返済予定設備資金借入金	4,000			
土地(基本財産)	50,000				設備資金借入金	24,000			
建物(基本財産)	140,000								
器具及び備品					基本金	50,000			
					国庫補助金等特別積立金	52,000			
					次期繰越活動増減差額(期首)	235,100			
					当期活動増減差額				
貸借対照表合計	371,100					371,100			
人件費					障害福祉サービス等事業収益				
事業費									
事務費									
減価償却費									
徴収不能額					国庫補助金等特別積立金取崩額				
支払利息									
収益・費用小計									
当期活動増減差額									
合計					合計				

① 決算整理前残高試算表欄：期中取引の処理がすべて終わった状態の、各勘定の残高を記入する欄です。

社会福祉法人経営実務検定の会計２級では、期中処理を行っていない、当期首（前期末）貸借対照表の金額のみが記入されている場合が多いです。

② 修正欄：決算整理仕訳による修正額を勘定科目ごとに転記していきます。

仕訳の借方科目→その勘定科目の修正欄の「借方」に金額を記入する。

仕訳の貸方科目→その勘定科目の修正欄の「貸方」に金額を記入する。

社会福祉法人経営実務検定の会計２級では、問題資料として与えられている期中処理を含めたすべての処理を行い、各勘定科目の「修正」欄に、金額を記入していく場合が多いです。

③ 決算整理後残高試算表欄：すべての取引を、各勘定科目の「修正」欄に記入したら、勘定科目の残高を集計して記入します。ここに記入した残高が「**決算整理後残高**」となり、**各計算書類に記載される金額**となります。

金額の集計の仕方

借方残高の科目は、整理前残高＋借方の修正金額－貸方の修正金額＝整理後残高

貸方残高の科目は、整理前残高＋貸方の修正金額－借方の修正金額＝整理後残高

具体的に、いくつか取引を仕訳をしてみていきましょう。

例題

当期中における次の取引を参考に、前ページの残高試算表を作成しなさい。なお残高試算表には数値の記入されない欄に「０」を記入する必要はなく、資金収支計算書の勘定科目名は表記していない。

① 当期中に障害福祉サービス事業の報酬250,000千円（うち期首における事業未収金1,000千円、未収補助金40,000千円）が普通預金に振り込まれた。

② 障害福祉サービス事業の利用者負担分1,500千円を事業未収金に、市の補助金42,000千円を未収補助金に計上した。

③ 期首における事業未収金のうち20千円が徴収不能となった。

④　当期中に取引先から受けた支払請求額は事業費が31,000千円、事務費が24,000千円であり、請求の都度事業未払金を計上している。

⑤　当期中に支払いをした事業未払金は56,000千円である。

⑥　常勤職員・非常勤職員等の俸給165,000千円から社会保険料等13,000千円を預かって、差額を普通預金から支給した。

⑦　職員預り金12,500千円と社会保険料事業主負担分9,500千円を、普通預金から支払った。

⑧　パソコンと関連機器一式（器具及び備品）6,000千円を購入し、普通預金から支払った。

⑨　１年以内返済予定設備資金借入金4,000千円を、利息80千円とともに返済した。

⑩　１年以内に返済期限が到来する設備資金借入金の元金4,000千円を流動負債に振り替えた。

⑪　固定資産につき、次の減価償却を行った。

建　　物　14,000千円　　器具及び備品　1,200千円

同時に、建物の減価償却費に対応する国庫補助金等特別積立金5,200千円を取り崩した。

仕 訳（単位：千円）

※「資金収支計算書」「事業活動計算書」の欄は、○が計上されるもの、×は計上されないものを表しています。

	借方		貸方		資金収支計算書	事業活動計算書
	勘定科目	金額	勘定科目	金額		
①	現金預金	250,000	事業未収金 未収補助金 障害福祉サービス等事業収益	1,000 40,000 209,000	○	○

障害福祉サービス等事業収益（当期）：250,000－（1,000＋40,000）＝209,000

	借方勘定科目	金額	貸方勘定科目	金額	資金収支計算書	事業活動計算書
②	事業未収金 未収補助金	1,500 42,000	障害福祉サービス等事業収益	43,500	○	○

	借方勘定科目	金額	貸方勘定科目	金額	資金収支計算書	事業活動計算書
③	徴収不能額	20	事業未収金	20	○	○

「期首における事業未収金」とあるので、前期以前の取引で発生している事業未収金であるため、徴収不能引当金があれば取り崩す処理をしますが、徴収不能引当金の計上がないため徴収不能額で処理します。

④	事業費 事務費	31,000 24,000	事業未払金	55,000	○	○

⑤	事業未払金	56,000	現金預金	56,000	×	×

⑥	人件費（俸給）	165,000	職員預り金 現金預金	13,000 152,000	○	○

現金預金：165,000（常勤職員・非常勤職員の俸給）－13,000（預り金）＝152,000

⑦	職員預り金 人件費（法定福利費）	12,500 9,500	現金預金	22,000	○	○

⑧	器具及び備品	6,000	現金預金	6,000	○	×

⑨	1年以内返済予定設備資金借入金 支払利息	4,000 80	現金預金	4,080	○	○

⑩	設備資金借入金	4,000	1年以内返済予定設備資金借入金	4,000	×	×

⑪	減価償却費 減価償却費 国庫補助金等特別積立金	14,000 1,200 5,200	建物 器具及び備品 国庫補助金等特別積立金取崩額	14,000 1,200 5,200	× × ×	○ ○ ○

仕訳による修正額を勘定科目ごとに転記していきます。仕訳の番号ごとに金額を転記していくと、次ページのようになります。すべての取引を、各勘定科目の「修正」欄に記入したら、、勘定科目の残高を集計して記入します。

金額の集計の仕方

借方残高の科目は、整理前残高＋借方の修正金額－貸方の修正金額＝整理後残高

貸方残高の科目は、整理前残高＋貸方の修正金額－借方の修正金額＝整理後残高

修正欄の借方の合計　544,300 + 81,700 = 626,000　と

貸方の合計　296,300 + 329,700 = 626,000　が等しいことから、修正仕訳の貸借が等しいことは確認できます。

（転記ミスを発見することはできませんが、合わなかったらどこかに間違いがある、ということです。）

したがって、決算整理後残高は下記のように計算します。(単位：千円)

例

未収補助金(借方残高の科目)：40,000（借方）+42,000（借方）−40,000（貸方）
=42,000（借方）

職員預り金(貸方残高の科目)：1,400（貸方）+13,000（貸方）−12,500（借方）
=1,900（貸方）

残高試算表のうち、事業活動計算書科目の決算整理後残高から収益小計と費用小計を計算し、「**当期活動増減差額**」の金額を求めて記入します。「**当期活動増減差額**」の金額は、貸借対照表欄の「**当期活動増減差額**」にも記入します。

収益小計：252,500+5,200=257,700

費用小計：174,500+31,000+24,000+15,200+20+80=244,800

当期活動増減差額：257,700（収益小計）−244,800（費用小計）=**12,900**

(単位：千円)

借方					貸方				
科目	①前残高	② 修正		③後残高	科目	①前残高	② 修正		③後残高
		借方	貸方				借方	貸方	
現金預金	140,000	①250,000	⑤ 56,000 ⑥152,000 ⑦ 22,000 ⑧ 6,000 ⑨ 4,080	149,920	事業未払金	4,600	⑤ 56,000	③ 55,000	3,600
事業未収金	1,100	② 1,500	① 1,000 ② 20	1,580	職員預り金	1,400	⑦ 12,500	⑥ 13,000	1,900
未収補助金	40,000	② 42,000	① 40,000	42,000	1年以内返済予定設備資金借入金	4,000	⑨ 4,000	⑩ 4,000	4,000
土地(基本財産)	50,000			50,000	設備資金借入金	24,000	⑩ 4,000		20,000
建物(基本財産)	140,000		⑪ 14,000	126,000					
器具及び備品		⑧ 6,000	⑪ 1,200	4,800	基本金	50,000			50,000
					国庫補助金等特別積立金	52,000	⑪ 5,200		46,800
					次期繰越活動増減差額(期首)	235,100			235,100
					当期活動増減差額				12,900
貸借対照表合計	371,100			374,300		371,100			374,300
人件費		⑥165,000 ⑦ 9,500		174,500	障害福祉サービス等事業収益			①209,000 ② 43,500	252,500

事業費		③ 31,000		31,000					
事務費		③ 24,000		24,000					
減価償却費		⑪ 15,200		15,200					
徴収不能額		② 20		20	国庫補助金等特別積立金取崩額			⑪ 5,200	5,200
支払利息		⑨ 80		80					
収益・費用小計				244,800					257,700
当期活動増減差額				12,900					
合計		544,300	296,300	632,000	合計		81,700	329,700	632,000

計算書類の作成

残高試算表で集計した「決算整理後残高」を、各計算書類に記載していきます。

試算表で計算した決算整理後残高を、事業活動計算書と貸借対照表に記載したものを見てみましょう。(グレーの部分は記入を省略します。)

事業活動計算書には、「当年度決算」欄に決算整理後残高を記入します。その後、小計(( )のある数字や数式が入っている欄)を記入していきます。計算された「当期活動増減差額」は、繰越活動増減差額の部の計算を経て「**次期繰越活動増減差額**」が計上されます。

貸借対照表にも同様に、「当年度末」欄に決算整理後残高を記入します。その後、区分ごと(流動資産、固定資産、基本財産など)の小計を記入していきます。なお、純資産の部の「**次期繰越活動増減差額**」には、事業活動計算書で計算された「次期繰越活動増減差額」の金額を記入し、その下に(**うち当期活動増減差額**)として、「当期活動増減差額」の金額を記入します。(金額にも( )を付けます。)

7 決算

事業活動計算書

（自）令和×年4月1日　（至）令和○年3月31日　（単位：千円）

勘定科目			当年度決算	前年度決算	増減
サービス活動増減の部	収益	障害福祉サービス等事業収益	252,500		
		経常経費寄附金収益			
		サービス活動収益計(1)	252,500		
	費用	人件費	174,500		
		事業費	31,000		
		事務費	24,000		
		減価償却費	15,200		
		国庫補助金等特別積立金取崩額	△ 5,200		
		徴収不能額	20		
		その他の費用			
		サービス活動費用計(2)	239,520		
	サービス活動増減差額(3)＝(1)－(2)		12,980		
サービス活動外増減の部	収益	借入金利息補助金収益			
		受取利息配当金収益			
		その他のサービス活動外収益			
		サービス活動外収益計(4)	0		
	費用	支払利息	80		
		その他のサービス活動外費用			
		サービス活動外費用計(5)	80		
	サービス活動外増減差額(6)＝(4)－(5)		△ 80		
経常増減差額(7)＝(3)＋(6)			12,900		
特別増減の部	収益	施設整備等補助金収益			
		施設整備等寄附金収益			
		固定資産受贈額			
		その他の特別収益			
		特別収益計(8)	0		
	費用	基本金組入額			
		固定資産売却損・処分損			
		国庫補助金等特別積立金取崩額(除却等)			
		国庫補助金等特別積立金積立額			
		災害損失			
		その他の特別損失			
		特別費用計(9)	0		
	特別増減差額(10)＝(8)－(9)		0		
当期活動増減差額(11)＝(7)＋(10)			12,900		
繰越活動増減差額の部	前期繰越活動増減差額(12)		235,100		
	当期末繰越活動増減差額(13)＝(11)＋(12)		248,000		
	基本金取崩額(14)		0		
	その他の積立金取崩額(15)		0		
	その他の積立金積立額(16)		0		
	次期繰越活動増減差額(17)＝(13)＋(14)＋(15)－(16)		248,000		

貸借対照表

令和○年3月31日　　　　　　　　(単位：千円)

資産の部			
	当年度末	前年度末	増減
流動資産	193,500		
現金預金	149,920		
有価証券			
事業未収金	1,580		
未収金			
未収補助金	42,000		
貯蔵品			
立替金			
前払金			
前払費用			
1年以内回収予定長期貸付金			
短期貸付金			
仮払金			
その他の流動資産			
徴収不能引当金	△		
固定資産	180,800		
基本財産	176,000		
土地	50,000		
建物	126,000		
定期預金			
その他の固定資産	4,800		
土地			
建物			
構築物			
機械及び装置			
車輌運搬具			
器具及び備品	4,800		
有形リース資産			
権利			
ソフトウェア			
無形リース資産			
退職給付引当資産			
修繕積立資産			
長期前払費用			
その他の固定資産			
資産の部合計	374,300		

負債の部			
	当年度末	前年度末	増減
流動負債	9,500		
短期運営資金借入金			
事業未払金	3,600		
その他の未払金			
役員等短期借入金			
1年以内返済予定設備資金借入金	4,000		
1年以内返済予定リース債務			
1年以内支払予定長期未払金			
未払費用			
預り金			
職員預り金	1,900		
前受金			
仮受金			
賞与引当金			
その他の流動負債			
固定負債	20,000		
設備資金借入金	20,000		
リース債務			
退職給付引当金			
長期未払金			
その他の固定負債			
負債の部合計	29,500		
純資産の部			
基本金	50,000		
国庫補助金等特別積立金	46,800		
その他の積立金			
次期繰越活動増減差額	248,000		
(うち当期活動増減差額)	(12,900)		
純資産の部合計	344,800		
負債及び純資産の部合計	374,300		

決算

確認テスト

答え：P.214

❶ 次の空欄に当てはまる適切な語句を記入しなさい。

(1)　会計基準では「将来の特定の費用又は損失であって、その発生が当該会計年度以前の事象に起因し、発生の可能性が高く、かつその金額を合理的に見積もることができる」場合には、当該会計年度の負担に属する金額を当該会計年度の費用として（　　　　　）に繰り入れることとされている。

第 10 回出題

(2)　貸借対照表上で資産の部に控除項目として記載される引当金は（　　　　　　　　　）である。

第 11 回出題

(3)　貸借対照表上で固定負債の部に記載される引当金は（　　　　　　）引当金である。

第 12 回出題

(4)　前期末から繰り越された事業未収金が徴収不能となった場合に、その徴収不能となった金額が前期末に計上した徴収不能引当金の額以下のときは、その徴収不能の事実が（　　　　　　　　　）に記載される。

第 15 回出題

(5)　会計年度末において、事業未収金について回収不能額を見積もったときには、（　　　　　　　　　）に繰り入れる。

第 15 回出題

❷ 次の取引を仕訳しなさい。なお、勘定科目は語群から選択すること。

語群：現金預金　事業未収金　事業未払金　長期未払金
設備資金借入金　1年以内支払予定長期未払金
1年以内返済予定設備資金借入金　職員賞与　徴収不能引当金
徴収不能引当金繰入　徴収不能額　退職給付費用
賞与引当金繰入　退職給付引当金　賞与引当金

(1)　常勤職員に対して夏季賞与5,655千円を支払った。なお、前期末に常勤職員に対する賞与引当金を3,802千円計上している。

(2)　前期末に徴収不能引当金を計上していた事業未収金15千円が徴収不能となった。

(3)　事業未収金残高325千円について、過去の徴収不能額の発生割合である4％の徴収不能引当金13千円を計上した。

第10回出題

(4)　事業未収金300千円が徴収不能となった。ただし、前期末に徴収不能引当金240千円を設定している。

(5)　1年基準により、長期未払金残高から480千円を流動負債に振り替えた。

第11回出題

(6)　退職給付引当金を230千円計上した。

(7)　建物に係る設備資金借入金につき、1年基準により、4,000千円を流動負債に振り替えた。

第13回出題

(8)　平成 31 年度の夏季賞与支給見込額は次の通りである。決算に当たり、賞与引当金を計上した。

支給月　平成 31 年 6 月

支給対象期間　平成 30 年 12 月～平成 31 年 5 月

支給見込額　1,500 千円

第 14 回出題

(9)　独立行政法人福祉医療機構の実施する社会福祉施設職員等退職手当共済制度の掛金として 545 千円を普通預金より支払った。

(10)　期首における事業未収金のうち 18 千円が徴収不能となった。

第 15 回出題

答案用紙

（単位：千円）

	借方科目	金額	貸方科目	金額
(1)				
(2)				
(3)				
(4)				
(5)				
(6)				
(7)				
(8)				
(9)				
(10)				

Column

一取引二仕訳

社会福祉法人会計と企業会計とでは、それぞれの事業の目的が異なるので会計処理も多くの点で異なります。

社会福祉法人会計と企業会計の違い

	社会福祉法人	株式会社
根拠法	社会福祉法	会社法
事業の目的	非営利	営利
剰余金の配当	なし	あり
仕訳方法	一取引二仕訳	一取引一仕訳

上記の表で見比べてみると、例えば剰余金については、企業会計では出資者である株主に配当をしますが、社会福祉法人は「非営利」目的のため剰余金を配当することはありません。

でも、これくらいの違いであれば、まぁそうだよね、と納得がいきますよね？

では、仕訳方法はどうでしょうか？

株式会社の仕訳は「一取引一仕訳」とありますが、社会福祉法人の仕訳は「**一取引二仕訳**」となっています。

企業会計では、資産・負債・純資産が増減する取引について「仕訳」を行いますが、社会福祉法人はこれに加え、**「収入・支出」の伴う取引についても資金収支計算書に計上するためのもう１つの仕訳**が必要となるのです。

例：○○収益（事業活動計算書）と○○収入（資金収支計算書）
　　○○費（事業活動計算書）と○○費支出（資金収支計算書）

実務では会計ソフトで自動的に資金仕訳も入力されますが、試験のための学習ではこの「一取引二仕訳」を意識する必要があります。

第8章

予算と決算

資金収支計算書は予算を作成し、表示します。予算とは、事業計画をもとに、資金の使い道をあらかじめ決めておくことです。

そして、決算の際には予算通りに資金が使われたかをチェックします。資金が予定より多く使われたり、逆にまったく使われなかった場合に、その原因を明らかにしなくてはなりません。

また、事業活動計算書と貸借対照表は、前年度との比較を行います。資産や負債がどれだけ増減したか、その増減額が多い場合、その原因が何かを検証していきます。

40 予算編成（拠点区分）

予算編成

予算を作成することを**予算編成**といいます。また、予算管理は**拠点単位**で行います。

社会福祉法人は、民間団体からの寄附金が施設運営の財源の一部となっていますので、寄附者の意思に沿った資金の使い方を心掛けなくてはなりません。そのため、次年度の事業計画を策定し、その事業計画に基づいた資金収支予算（資金の使い道）を作成します。

作成した予算は理事会や評議員会での承認を受け、**資金収支計算書に記載**します。

予備費

年度途中で当初の予算と実際の資金収支に乖離が見られる場合は、当初の予算を修正する必要があります。これに備えて、**予備費**を設定しておきます。予備費の設定方法は、経理規定に定めておきます。例えば、「予備費は支出全体の２％とする。」など、補正するための資金支出を予算の中に組み込んでおきます。

point

予備費はあらかじめ予算の中に組み込んでおき、軽微な補正に対する資金支出として使用します。重大な補正に対しては、予備費で対応することはできず、補正予算を作成する必要があります。

予算通りに資金が適正に使われているかをチェック！

41 予算管理（拠点区分）

補正予算

年度途中で当初の予算と大きく乖離（かいり）するときには、予算を修正する必要があります。そのさい、新たに**補正予算**を編成します。

また、修正するにあたって、その原因を把握して、予算編成と同じように理事会や評議員会で承認を受ける必要があります。

予算管理

予算とは、事業計画に沿って、資金を使う「予定」です。

そのため、予算通り資金が使われていない場合、事業計画に沿って事業活動が行われていないということになります。

例えば、特別養護老人ホームを運営する社会福祉法人において、給食費が予算の100万円を大幅に下回る40万円に抑えることができたとします。営利団体の場合は、支出を低く抑えることで利益が多くなるため、良いこととされるかもしれませんが、社会福祉法人では、予算通りの支出がなされていないということは、給食が安い食材を使って、当初より品質の低いサービスで提供されている可能性が疑われます。

つまり、営利団体とは異なり、資金収支の差額が多く出れば良いということにはなりません。

予算管理によって、事業活動が正しく行われているかチェックする必要があります。

42 社会福祉法人の計算書類

計算書類の全体像

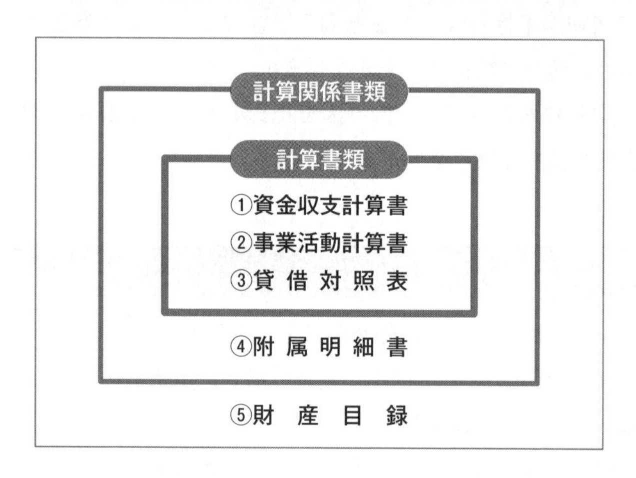

計算書類とは、①資金収支計算書、②事業活動計算書、③貸借対照表のことをいいます。これに④附属明細書を加えると、計算関係書類となります。

「会計基準省令」では、資金収支計算書を「第１号」、事業活動計算書を「第２号」、貸借対照表を「第３号」としています。

- ・第１号　⇒　資金収支計算書
- ・第２号　⇒　事業活動計算書
- ・第３号　⇒　貸借対照表

さらに以下の４種類の様式があります。（○○には計算書類の名称が入ります。）

- ・第１様式　⇒　法人単位○○（法人全体の情報を表示）
- ・第２様式　⇒　○○内訳表（事業区分別の情報を表示）
- ・第３様式　⇒　事業区分○○内訳表（各拠点区分の情報を表示）
- ・第４様式　⇒　拠点区分○○（拠点区分の情報を表示）

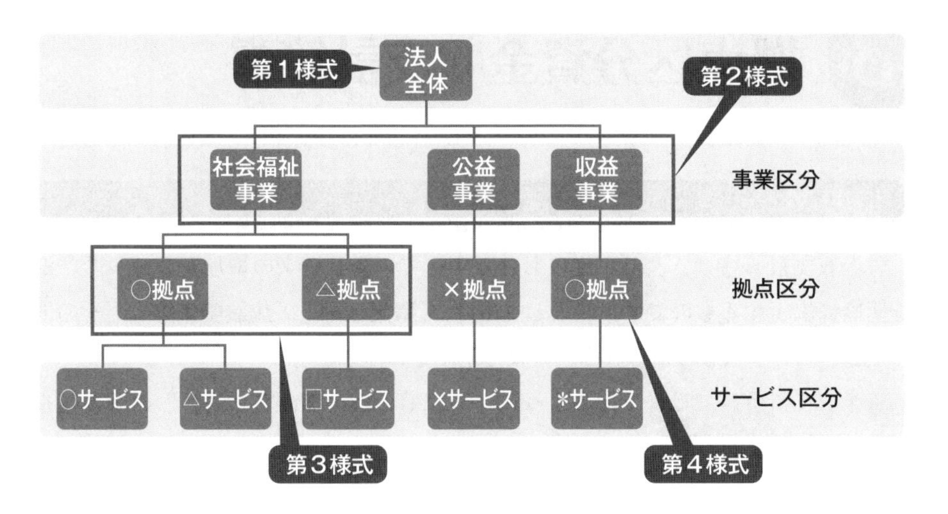

例えば、第3号第4様式の場合、拠点区分貸借対照表となります。

計算書作成の流れ

	資金収支計算書	事業活動計算書	貸借対照表
法人全体	**第一号第一様式** 法人単位 資金収支計算書	**第二号第一様式** 法人単位 事業活動計算書	**第三号第一様式** 法人単位 貸借対照表
法人全体 （事業区分別）	**第一号第二様式** 資金収支 内訳表	**第二号第二様式** 事業活動 内訳表	**第三号第二様式** 貸借対照表 内訳表
事業区分 （拠点区分別）	**第一号第三様式** 事業区分 資金収支内訳表	**第二号第三様式** 事業区分 事業活動内訳表	**第三号第三様式** 事業区分 貸借対照表内訳表
拠点区分 （1つの拠点を表示）	**第一号第四様式** 拠点区分 資金収支計算書	**第二号第四様式** 拠点区分 事業活動計算書	**第三号第四様式** 拠点区分 貸借対照表
サービス区分	拠点区分 資金収支明細書	拠点区分 事業活動明細書	

（表の左側の矢印：集計、集計、集計）

資料：厚生労働省

支払資金の増加及び減少の状況を明瞭に表示

43 拠点区分資金収支計算書

概要

資金収支計算書は、会計年度におけるすべての支払資金の増加及び減少の状況を明瞭に表示するものです。収入と支出は、「**事業活動**」、「**施設整備等**」、「**その他の活動**」の3つに分け、それぞれの収支差額を算出します。

資金収支計算書では、下記のように「**予算**」の欄の額から「**決算**」の欄の額を減算して「**差異**」の欄の額を算定します。

資金収支計算書

		予算（A）	決算（B）	差異（A）−（B）
事業活動収支の部	収入			
	支出			
	事業活動資金収支差額			
施設整備等収支の部	収入			
	支出			
	施設整備等収支差額			
その他の収支の部	収入			
	支出			
	その他の活動収支差額			
当期資金収支差額合計				
前期末支払資金残高				
当期末支払資金残高				

拠点区分資金収支計算書の様式

拠点区分資金収支計算書の様式は次のとおりです。「第1章　社会福祉法人の計算書類」では、法人単位の資金収支計算書を紹介しています。ぜひ、拠点区分資金収支計算書と見比べてみてください。

第一号第四様式（第十七条第四項関係）

（何）拠点区分　資金収支計算書

（自）令和　年　月　日　（至）令和　年　月　日

（単位：円）

		勘定科目	予算(A)	決算(B)	差異(A)－(B)	備考
事業活動による収支	収入	介護保険事業収入				
		施設介護料収入				
		介護報酬収入				
		利用者負担金収入（公費）				
		利用者負担金収入（一般）				
		居宅介護料収入				
		（介護報酬収入）				
		介護報酬収入				
		介護予防報酬収入				
		（利用者負担金収入）				
		介護負担金収入（公費）				
		介護負担金収入（一般）				
		介護予防負担金収入（公費）				
		介護予防負担金収入（一般）				
		地域密着型介護料収入				
		（介護報酬収入）				
		介護報酬収入				
		介護予防報酬収入				
		（利用者負担金収入）				
		介護負担金収入（公費）				
		介護負担金収入（一般）				
		介護予防負担金収入（公費）				
		介護予防負担金収入（一般）				
		居宅介護支援介護料収入				
		居宅介護支援介護料収入				
		介護予防支援介護料収入				
		介護予防・日常生活支援総合事業収入				
		事業費収入				
		事業負担金収入（公費）				
		事業負担金収入（一般）				
		利用者等利用料収入				
		施設サービス利用料収入				
		居宅介護サービス利用料収入				
		地域密着型介護サービス利用料収入				
		食費収入（公費）				
		食費収入（一般）				
		食費収入（特定）				
		居住費収入（公費）				
		居住費収入（一般）				
		居住費収入（特定）				
		介護予防・日常生活支援総合事業利用料収入				
		その他の利用料収入				
		その他の事業収入				
		補助金事業収入（公費）				
		補助金事業収入（一般）				
		市町村特別事業収入（公費）				
		市町村特別事業収入（一般）				
		受託事業収入（公費）				
		受託事業収入（一般）				
		その他の事業収入				
		（保険等査定減）				
		老人福祉事業収入				
		措置事業収入				
		事務費収入				
		事業費収入				
		その他の利用料収入				
		その他の事業収入				
		運営事業収入				
		管理費収入				
		その他の利用料収入				
		補助金事業収入（公費）				
		補助金事業収入（一般）				
		その他の事業収入				
		その他の事業収入				
		管理費収入				
		その他の利用料収入				
		その他の事業収入				
		児童福祉事業収入				
		措置費収入				
		事務費収入				
		事業費収入				
		私的契約利用料収入				
		その他の事業収入				

		補助金事業収入（公費）				
		補助金事業収入（一般）				
		受託事業収入（公費）				
		受託事業収入（一般）				
		その他の事業収入				
		保育事業収入				
		施設型給付費収入				
		施設型給付費収入				
		利用者負担金収入				
		特例施設型給付費収入				
		特例施設型給付費収入				
		利用者負担金収入				
		地域型保育給付費収入				
		地域型保育給付費収入				
		利用者負担金収入				
		特例地域型保育給付費収入				
		特例地域型保育給付費収入				
		利用者負担金収入				
		委託費収入				
		利用者等利用料収入				
		利用者等利用料収入（公費）				
		利用者等利用料収入（一般）				
		その他の利用料収入				
		私的契約利用料収入				
		その他の事業収入				
		補助金事業収入（公費）				
		補助金事業収入（一般）				
		受託事業収入（公費）				
		受託事業収入（一般）				
		その他の事業収入				
		就労支援事業収入				
		（何）事業収入				
		障害福祉サービス等事業収入				
		自立支援給付費収入				
		介護給付費収入				
		特例介護給付費収入				
		訓練等給付費収入				
		特例訓練等給付費収入				
		地域相談支援給付費収入				
		特例地域相談支援給付費収入				
		計画相談支援給付費収入				
		特例計画相談支援給付費収入				
		障害児施設給付費収入				
		障害児通所給付費収入				
		特例障害児通所給付費収入				
		障害児入所給付費収入				
		障害児相談支援給付費収入				
		特例障害児相談支援給付費収入				
		利用者負担金収入				
		補足給付費収入				
		特定障害者特別給付費収入				
		特例特定障害者特別給付費収入				
		特定入所障害児食費等給付費収入				
		特定費用収入				
		その他の事業収入				
		補助金事業収入（公費）				
		補助金事業収入（一般）				
		受託事業収入（公費）				
		受託事業収入（一般）				
		その他の事業収入				
		（保険等査定減）				
		生活保護事業収入				
		措置費収入				
		事務費収入				
		事業費収入				
		授産事業収入				
		（何）事業収入				
		利用者負担金収入				
		その他の事業収入				
		補助金事業収入（公費）				
		補助金事業収入（一般）				
		受託事業収入（公費）				
		受託事業収入（一般）				
		その他の事業収入				
		医療事業収入				
		入院診療収入（公費）				
		入院診療収入（一般）				
		室料差額収入				

		外来診療収入（公費）				
		外来診療収入（一般）				
		保健予防活動収入				
		受託検査・施設利用収入				
		訪問看護療養費収入（公費）				
		訪問看護療養費収入（一般）				
		訪問看護利用料収入				
		訪問看護基本利用料収入				
		訪問看護その他の利用料収入				
		その他の医療事業収入				
		補助金事業収入（公費）				
		補助金事業収入（一般）				
		受託事業収入（公費）				
		受託事業収入（一般）				
		その他の医療事業収入				
		（保険等査定減）				
		退職共済事業収入				
		事務費収入				
		（何）事業収入				
		（何）事業収入				
		その他の事業収入				
		補助金事業収入（公費）				
		補助金事業収入（一般）				
		受託事業収入（公費）				
		受託事業収入（一般）				
		その他の事業収入				
		（何）収入				
		（何）収入				
		借入金利息補助金収入				
		経常経費寄附金収入				
		受取利息配当金収入				
		その他の収入				
		受入研修費収入				
		利用者等外給食費収入				
		雑収入				
		流動資産評価益等による資金増加額				
		有価証券売却益				
		有価証券評価益				
		為替差益				
		事業活動収入計（1）				
	支出	人件費支出				
		役員報酬支出				
		役員退職慰労金支出				
		職員給料支出				
		職員賞与支出				
		非常勤職員給与支出				
		派遣職員費支出				
		退職給付支出				
		法定福利費支出				
		事業費支出				
		給食費支出				
		介護用品費支出				
		医薬品費支出				
		診療・療養等材料費支出				
		保健衛生費支出				
		医療費支出				
		被服費支出				
		教養娯楽費支出				
		日用品費支出				
		保育材料費支出				
		本人支給金支出				
		水道光熱費支出				
		燃料費支出				
		消耗器具備品費支出				
		保険料支出				
		賃借料支出				
		教育指導費支出				
		就職支度費支出				
		葬祭費支出				
		車輌費支出				
		管理費返還支出				
		（何）費支出				
		雑支出				
		事務費支出				
		福利厚生費支出				
		職員被服費支出				
		旅費交通費支出				
		研修研究費支出				

		事務消耗品費支出				
		印刷製本費支出				
		水道光熱費支出				
		燃料費支出				
		修繕費支出				
		通信運搬費支出				
		会議費支出				
		広報費支出				
		業務委託費支出				
		手数料支出				
		保険料支出				
		賃借料支出				
		土地・建物賃借料支出				
		租税公課支出				
		保守料支出				
		渉外費支出				
		諸会費支出				
		（何）費支出				
		雑支出				
		就労支援事業支出				
		就労支援事業販売原価支出				
		就労支援事業製造原価支出				
		就労支援事業仕入支出				
		就労支援事業販管費支出				
		授産事業支出				
		（何）事業支出				
		退職共済事業支出				
		事務費支出				
		（何）支出				
		利用者負担軽減額				
		支払利息支出				
		その他の支出				
		利用者等外給食費支出				
		雑支出				
		流動資産評価損等による資金減少額				
		有価証券売却損				
		資産評価損				
		有価証券評価損				
		（何）評価損				
		為替差損				
		徴収不能額				
		事業活動支出計（2）				
	事業活動資金収支差額（3）=（1）－（2）					
施設整備等による収支	収入	施設整備等補助金収入				
		施設整備等補助金収入				
		設備資金借入金元金償還補助金収入				
		施設整備等寄附金収入				
		施設整備等寄附金収入				
		設備資金借入金元金償還寄附金収入				
		設備資金借入金収入				
		固定資産売却収入				
		車輌運搬具売却収入				
		器具及び備品売却収入				
		（何）売却収入				
		その他の施設整備等による収入				
		（何）収入				
		施設整備等収入計（4）				
	支出	設備資金借入金元金償還支出				
		固定資産取得支出				
		土地取得支出				
		建物取得支出				
		車輌運搬具取得支出				
		器具及び備品取得支出				
		（何）取得支出				
		固定資産除却・廃棄支出				
		ファイナンス・リース債務の返済支出				
		その他の施設整備等による支出				
		（何）支出				
		施設整備等支出計（5）				
	施設整備等資金収支差額（6）=（4）－（5）					
		長期運営資金借入金元金償還寄附金収入				
		長期運営資金借入金収入				
		役員等長期借入金収入				
		長期貸付金回収収入				
		投資有価証券売却収入				
		積立資産取崩収入				
		退職給付引当資産取崩収入				
		長期預り金積立資産取崩収入				

その他の活動による収支	収入	（何）積立資産取崩収入				
		事業区分間長期借入金収入				
		拠点区分間長期借入金収入				
		事業区分間長期貸付金回収収入				
		拠点区分間長期貸付金回収収入				
		事業区分間繰入金収入				
		拠点区分間繰入金収入				
		その他の活動による収入				
		退職共済預り金収入				
		退職共済事業管理資産取崩収入				
		（何）収入				
		その他の活動収入計（7）				
	支出	長期運営資金借入金元金償還支出				
		役員等長期借入金元金償還支出				
		長期貸付金支出				
		投資有価証券取得支出				
		積立資産支出				
		退職給付引当資産支出				
		長期預り金積立資産支出				
		（何）積立資産支出				
		事業区分間長期貸付金支出				
		拠点区分間長期貸付金支出				
		事業区分間長期借入金返済支出				
		拠点区分間長期借入金返済支出				
		事業区分間繰入金支出				
		拠点区分間繰入金支出				
		その他の活動による支出				
		退職共済預り金返還支出				
		退職共済事業管理資産支出				
		（何）支出				
		その他の活動支出計（8）				
	その他の活動資金収支差額（9）=（7）－（8）					
予備費支出（10）			××× △××× ］	—	×××	
当期資金収支差額合計（11）=（3）+（6）+（9）－（10）						

前期末支払資金残高（12）				
当期末支払資金残高（11）＋（12）				

（注）予備費支出△×××円は（何）支出に充当使用した額である。

純資産の増減の内容を明瞭に表示

拠点区分事業活動計算書

概要

事業活動計算書は、会計年度における全ての純資産の増減の内容を明瞭に表示するものです。大きく分けて、「**サービス活動**」、「**サービス活動外**」、「**特別**」の3つに分けられます。「サービス活動」と「サービス活動外」の増減差額の合計が「**経常増減差額**」となり、それに「特別」の増減差額をさらに加えると「**当期活動増減差額**」となります。

事業活動計算書

サービス活動 増減の部	収益
	費用
	サービス活動増減差額
サービス活動外 増減の部	収益
	費用
	サービス活動外増減差額
経常増減差額	
特別増減の部	収益
	費用
	特別増減差額
当期活動増減差額	
繰越活動増減差額の部	前期繰越活動増減差額等
	次期繰越活動増減差額

拠点区分事業活動計算書の様式

拠点区分事業活動計算書の様式は次のとおりです。資金収支計算書と同様に、法人単位の事業活動計算書と見比べてみましょう。

第二号第四様式（第二十三条第四項関係）

（何）拠点区分　事業活動計算書

（自）令和　年　月　日　（至）令和　年　月　日

（単位：円）

勘定科目			当年度決算(A)	前年度決算(B)	増減(A)－(B)
サービス活動増減の部	収益	介護保険事業収益			
		施設介護料収益			
		介護報酬収益			
		利用者負担金収益（公費）			
		利用者負担金収益（一般）			
		居宅介護料収益			
		（介護報酬収益）			
		介護報酬収益			
		介護予防報酬収益			
		（利用者負担金収益）			
		介護負担金収益（公費）			
		介護負担金収益（一般）			
		介護予防負担金収益（公費）			
		介護予防負担金収益（一般）			
		地域密着型介護料収益			
		（介護報酬収益）			
		介護報酬収益			
		介護予防報酬収益			
		（利用者負担金収益）			
		介護負担金収益（公費）			
		介護負担金収益（一般）			
		介護予防負担金収益（公費）			
		介護予防負担金収益（一般）			
		居宅介護支援介護料収益			
		居宅介護支援介護料収益			
		介護予防支援介護料収益			
		介護予防・日常生活支援総合事業収益			
		事業費収益			
		事業負担金収益（公費）			
		事業負担金収益（一般）			
		利用者等利用料収益			
		施設サービス利用料収益			
		居宅介護サービス利用料収益			
		地域密着型介護サービス利用料収益			
		食費収益（公費）			
		食費収益（一般）			
		食費収益（特定）			
		居住費収益（公費）			
		居住費収益（一般）			
		居住費収益（特定）			
		介護予防・日常生活支援総合事業利用料収益			
		その他の利用料収益			
		その他の事業収益			
		補助金事業収益（公費）			
		補助金事業収益（一般）			
		市町村特別事業収益（公費）			
		市町村特別事業収益（一般）			
		受託事業収益（公費）			
		受託事業収益（一般）			
		その他の事業収益			
		（保険等査定減）			
		老人福祉事業収益			
		措置事業収益			
		事務費収益			
		事業費収益			
		その他の利用料収益			
		その他の事業収益			
		運営事業収益			
		管理費収益			
		その他の利用料収益			
		補助金事業収益（公費）			
		補助金事業収益（一般）			
		その他の事業収益			
		その他の事業収益			
		管理費収益			
		その他の利用料収益			
		その他の事業収益			
		児童福祉事業収益			
		措置費収益			
		事務費収益			
		事業費収益			
		私的契約利用料収益			
		その他の事業収益			

勘定科目				
補助金事業収益（公費）				
補助金事業収益（一般）				
受託事業収益（公費）				
受託事業収益（一般）				
その他の事業収益				
保育事業収益				
施設型給付費収益				
施設型給付費収益				
利用者負担金収益				
特例施設型給付費収益				
特例施設型給付費収益				
利用者負担金収益				
地域型保育給付費収益				
地域型保育給付費収益				
利用者負担金収益				
特例地域型保育給付費収益				
特例地域型保育給付費収益				
利用者負担金収益				
委託費収益				
利用者等利用料収益				
利用者等利用料収益（公費）				
利用者等利用料収益（一般）				
その他の利用料収益				
私的契約利用料収益				
その他の事業収益				
補助金事業収益（公費）				
補助金事業収益（一般）				
受託事業収益（公費）				
受託事業収益（一般）				
その他の事業収益				
就労支援事業収益				
（何）事業収益				
障害福祉サービス等事業収益				
自立支援給付費収益				
介護給付費収益				
特例介護給付費収益				
訓練等給付費収益				
特例訓練等給付費収益				
地域相談支援給付費収益				
特例地域相談支援給付費収益				
計画相談支援給付費収益				
特例計画相談支援給付費収益				
障害児施設給付費収益				
障害児通所給付費収益				
特例障害児通所給付費収益				
障害児入所給付費収益				
障害児相談支援給付費収益				
特例障害児相談支援給付費収益				
利用者負担金収益				
補足給付費収益				
特定障害者特別給付費収益				
特例特定障害者特別給付費収益				
特定入所障害児食費等給付費収益				
特定費用収益				
その他の事業収益				
補助金事業収益（公費）				
補助金事業収益（一般）				
受託事業収益（公費）				
受託事業収益（一般）				
その他の事業収益				
（保険等査定減）				
生活保護事業収益				
措置費収益				
事務費収益				
事業費収益				
授産事業収益				
（何）事業収益				
利用者負担金収益				
その他の事業収益				
補助金事業収益（公費）				
補助金事業収益（一般）				
受託事業収益（公費）				
受託事業収益（一般）				
その他の事業収益				
医療事業収益				
入院診療収益（公費）				
入院診療収益（一般）				
室料差額収益				

		外来診療収益（公費）			
		外来診療収益（一般）			
		保健予防活動収益			
		受託検査・施設利用収益			
		訪問看護療養費収益（公費）			
		訪問看護療養費収益（一般）			
		訪問看護利用料収益			
		訪問看護基本利用料収益			
		訪問看護その他の利用料収益			
		その他の医療事業収益			
		補助金事業収益（公費）			
		補助金事業収益（一般）			
		受託事業収益（公費）			
		受託事業収益（一般）			
		その他の医業収益			
		（保険等査定減）			
		退職共済事業収益			
		事務費収益			
		（何）事業収益			
		（何）事業収益			
		その他の事業収益			
		補助金事業収益（公費）			
		補助金事業収益（一般）			
		受託事業収益（公費）			
		受託事業収益（一般）			
		その他の事業収益			
		（何）収益			
		（何）収益			
		経常経費寄附金収益			
		その他の収益			
		サービス活動収益計（1）			
		人件費			
		役員報酬			
		役員退職慰労金			
		役員退職慰労引当金繰入			
		職員給料			
		職員賞与			
		賞与引当金繰入			
		非常勤職員給与			
		派遣職員費			
		退職給付費用			
		法定福利費			
		事業費			
		給食費			
		介護用品費			
		医薬品費			
		診療・療養等材料費			
		保健衛生費			
		医療費			
		被服費			
		教養娯楽費			
	費用	日用品費			
		保育材料費			
		本人支給金			
		水道光熱費			
		燃料費			
		消耗器具備品費			
		保険料			
		賃借料			
		教育指導費			
		就職支度費			
		葬祭費			
		車輌費			
		棚卸資産評価損			
		（何）費			
		雑費			
		事務費			
		福利厚生費			
		職員被服費			
		旅費交通費			
		研修研究費			
		事務消耗品費			
		印刷製本費			
		水道光熱費			
		燃料費			
		修繕費			
		通信運搬費			
		会議費			

		広報費			
		業務委託費			
		手数料			
		保険料			
		賃借料			
		土地・建物賃借料			
		租税公課			
		保守料			
		渉外費			
		諸会費			
		（何）費			
		雑費			
		就労支援事業費用			
		就労支援事業販売原価			
		期首製品（商品）棚卸高			
		当期就労支援事業製造原価			
		当期就労支援事業仕入高			
		期末製品（商品）棚卸高			
		就労支援事業販管費			
		授産事業費用			
		（何）事業費			
		退職共済事業費用			
		事務費			
		（何）費用			
		利用者負担軽減額			
		減価償却費			
		国庫補助金等特別積立金取崩額	△×××	△×××	
		徴収不能額			
		徴収不能引当金繰入			
		その他の費用			
		サービス活動費用計（2）			
	サービス活動増減差額(3)=(1)-(2)				
サービス活動外増減の部	収益	借入金利息補助金収益			
		受取利息配当金収益			
		有価証券評価益			
		有価証券売却益			
		基本財産評価益			
		投資有価証券評価益			
		投資有価証券売却益			
		積立資産評価益			
		その他のサービス活動外収益			
		受入研修費収益			
		利用者等外給食収益			
		為替差益			
		退職共済事業管理資産評価益			
		退職共済預り金戻入額			
		雑収益			
		サービス活動外収益計(4)			
	費用	支払利息			
		有価証券評価損			
		有価証券売却損			
		基本財産評価損			
		投資有価証券評価損			
		投資有価証券売却損			
		積立資産評価損			
		その他のサービス活動外費用			
		利用者等外給食費			
		為替差損			
		退職共済事業管理資産評価損			
		退職共済預り金繰入額			
		雑損失			
		サービス活動外費用計（5）			
	サービス活動外増減差額（6）=(4)－(5)				
経常増減差額(7)=(3)＋(6)					
	収益	施設整備等補助金収益			
		施設整備等補助金収益			
		設備資金借入金元金償還補助金収益			
		施設整備等寄附金収益			
		施設整備等寄附金収益			
		設備資金借入金元金償還寄附金収益			
		長期運営資金借入金元金償還寄附金収益			
		固定資産受贈額			
		（何）受贈額			
		固定資産売却益			
		車輌運搬具売却益			
		器具及び備品売却益			
		（何）売却益			
		事業区分間繰入金収益			

特別増減の部		拠点区分間繰入金収益			
		事業区分間固定資産移管収益			
		拠点区分間固定資産移管収益			
		その他の特別収益			
		徴収不能引当金戻入益			
		特別収益計(8)			
	費用	基本金組入額			
		資産評価損			
		固定資産売却損・処分損			
		建物売却損・処分損			
		車輌運搬具売却損・処分損			
		器具及び備品売却損・処分損			
		その他の固定資産売却損・処分損			
		国庫補助金等特別積立金取崩額(除却等)	△×××	△×××	
		国庫補助金等特別積立金積立額			
		災害損失			
		事業区分間繰入金費用			
		拠点区分間繰入金費用			
		事業区分間固定資産移管費用			
		拠点区分間固定資産移管費用			
		その他の特別損失			
		特別費用計(9)			
	特別増減差額(10)=(8)-(9)				
当期活動増減差額(11)=(7)+(10)					
繰越活動増減差額の部	前期繰越活動増減差額(12)				
	当期末繰越活動増減差額(13)=(11)+(12)				
	基本金取崩額(14)				
	その他の積立金取崩額(15)				
	(何)積立金取崩額				
	その他の積立金積立額(16)				
	(何)積立金積立額				
	次期繰越活動増減差額(17)=(13)+(14)+(15)-(16)				

全ての資産、負債及び純資産の状態を明瞭に表示

45 拠点区分貸借対照表

概要

貸借対照表は、会計年度末現在におけるすべての資産、負債及び純資産の状態を明瞭に表示するものです。資産と負債は、「**流動**」と「**固定**」に分けられ、固定資産は、「**基本財産**」と「**その他の固定資産**」に分けられます。

貸借対照表

資産		負債・純資産	
流動資産の部		流動負債の部	
		固定資産の部	
固定資産の部	基本財産	純資産の部	基本金
			国庫補助金等特別積立金
	その他の固定資産		その他の積立金
			次期繰越活動増減差額

拠点区分貸借対照表の様式

拠点区分貸借対照表の様式は次のとおりです。資金収支計算書、事業活動計算書と同様に、法人単位の貸借対照表と見比べてみてください。

第三号第四様式（第二十七条第四項関係）

（何）拠点区分　貸借対照表

令和　年　月　日現在

（単位：円）

資　産　の　部				負　債　の　部			
	当年度末	前年度末	増減		当年度末	前年度末	増減
流動資産				流動負債			
現金預金				短期運営資金借入金			
有価証券				事業未払金			
事業未収金				その他の未払金			
未収金				支払手形			
未収補助金				役員等短期借入金			
未収収益				1年以内返済予定設備資金借入金			
受取手形				1年以内返済予定長期運営資金借入金			
貯蔵品				1年以内返済予定リース債務			
医薬品				1年以内返済予定役員等長期借入金			
診療・療養費等材料				1年以内返済予定事業区分間長期借入金			
給食用材料				1年以内返済予定拠点区分間長期借入金			
商品・製品				1年以内支払予定長期未払金			
仕掛品				未払費用			
原材料				預り金			
立替金				職員預り金			
前払金				前受金			
前払費用				前受収益			
1年以内回収予定長期貸付金				事業区分間借入金			
1年以内回収予定事業区分間長期貸付金				拠点区分間借入金			
1年以内回収予定拠点区分間長期貸付金				仮受金			
短期貸付金				賞与引当金			
事業区分間貸付金				その他の流動負債			
拠点区分間貸付金							
仮払金							
その他の流動資産							
徴収不能引当金	△×××	△×××					
固定資産				固定負債			
基本財産				設備資金借入金			
土地				長期運営資金借入金			
建物				リース債務			
建物減価償却累計額	△×××	△×××		役員等長期借入金			
定期預金				事業区分間長期借入金			
投資有価証券				拠点区分間長期借入金			
その他の固定資産				退職給付引当金			
土地				役員退職慰労引当金			
建物				長期未払金			
構築物				長期預り金			
機械及び装置				退職共済預り金			
車輌運搬具				その他の固定負債			
器具及び備品							
建設仮勘定							
有形リース資産							
（何）減価償却累計額	△×××	△×××		負債の部合計			
権利				純　資　産　の　部			
ソフトウェア				基本金			
無形リース資産				国庫補助金等特別積立金			
投資有価証券				その他の積立金			
長期貸付金				（何）積立金			
事業区分間長期貸付金				次期繰越活動増減差額			
拠点区分間長期貸付金				（うち当期活動増減差額）			
退職給付引当資産							
長期預り金積立資産							
退職共済事業管理資産							
（何）積立資産							
差入保証金							
長期前払費用							
その他の固定資産							
徴収不能引当金	△×××	△×××		純資産の部合計			
資産の部合計				負債及び純資産の部合計			

46 計算書類に対する注記

計算書類の注記

会計処理の方針や計算書類を補足する重要な事項については、「注記」という形で、計算書類に記載します。「会計基準省令」では、次のように規定しています。

会計基準省令

第3章　計算関係書類　第5節　計算書類の注記

第29条　計算書類には、法人全体について次に掲げる事項を注記しなければならない。

一　会計年度の末日において、社会福祉法人が将来にわたって事業を継続するとの前提(以下この号において「継続事業の前提」という。)に重要な疑義を生じさせるような事象又は状況が存在する場合であって、当該事象又は状況を解消し、又は改善するための対応をしてもなお継続事業の前提に関する重要な不確実性が認められる場合には、継続事業の前提に関する事項

二　資産の評価基準及び評価方法、固定資産の減価償却方法、引当金の計上基準等計算書類の作成に関する重要な会計方針

三　重要な会計方針を変更した場合には、その旨、変更の理由及び当該変更による影響額

四　法人で採用する退職給付制度

五　法人が作成する計算書類並びに拠点区分及びサービス区分

六　基本財産の増減の内容及び金額

七　基本金又は固定資産の売却若しくは処分に係る国庫補助金等特別積立金の取崩しを行った場合には、その旨、その理由及び金額

八　担保に供している資産に関する事項

九　固定資産について減価償却累計額を直接控除した残額のみを記載した場合には、当該資産の取得価額、減価償却累計額及び当期末残高

十　債権について徴収不能引当金を直接控除した残額のみを記載した場合には、当該債権の金額、徴収不能引当金の当期末残高及び当該債権の当期末残高

十一　満期保有目的の債券の内訳並びに帳簿価額、時価及び評価損益
十二　関連当事者との取引の内容に関する事項
十三　重要な偶発債務
十四　重要な後発事象
十五　合併又は事業の譲渡若しくは譲受けが行われた場合には、その旨及び概要
十六　その他社会福祉法人の資金収支及び純資産の増減の状況並びに資産、負債及び純資産の状態を明らかにするために必要な事項

上記、十三号の**偶発債務**とは、将来、状況変化によって発生するかもしれない債務のことをいいます。これは現時点では債務として確定していないものの、将来一定の条件が発生した時に負わなければならない潜在的な債務を指します。

例：手形を裏書譲渡した場合、債務の保証人になった場合

偶発的に発生するため、負債額を正確に予測することができません

また、十四号の**後発事象**とは、貸借対照表日（決算日）の翌日から計算書類の作成日までの間に発生した事象で、次期以降の財政状態および経営成績に影響を及ぼすものをいいます。

計算書類は、決算日の各数値を数カ月かけてまとめて完成させるため、計算書類の作成期間中（計算書類の次期）に起こって、次期の経営に影響を及ぼすような事象のことをいいます。

したがって、後発事象は計算書類の会計期間外の出来事ということになりますが、計算書類への記載が間に合う場合には、注記することが要請されています。

附属明細書

附属明細書

附属明細書とは、当該会計年度における**計算書類の内容を補足する重要な事項を表示する書類**をいい、当該会計年度に係る会計帳簿に基づき作成されます。

また、附属明細書には**法人全体について作成するもの**と**拠点区分ごとに作成するもの**とがあります。

附属明細書については、「会計基準省令」で次のように規定されています。

会計基準省令

第３章　計算関係書類　第６節　附属明細書

（附属明細書）

第30条　法第45条の27第２項の規定により作成すべき各会計年度に係る計算書類の附属明細書は、当該会計年度に係る会計帳簿に基づき作成される次に掲げるものとする。この場合において、第一号から第七号までに掲げる附属明細書にあっては法人全体について、第八号から第十九号までに掲げる附属明細書にあっては拠点区分ごとに作成するものとする。

一　借入金明細書
二　寄附金収益明細書
三　補助金事業等収益明細書
四　事業区分間及び拠点区分間繰入金明細書
五　事業区分間及び拠点区分間貸付金(借入金)残高明細書
六　基本金明細書
七　国庫補助金等特別積立金明細書
八　基本財産及びその他の固定資産(有形・無形固定資産)の明細書
九　引当金明細書
十　拠点区分資金収支明細書
十一　拠点区分事業活動明細書

十二　積立金・積立資産明細書
十三　サービス区分間繰入金明細書
十四　サービス区分間貸付金(借入金)残高明細書
十五　就労支援事業別事業活動明細書
十六　就労支援事業製造原価明細書
十七　就労支援事業販管費明細書
十八　就労支援事業明細書
十九　授産事業費用明細書

2　附属明細書は、当該会計年度における計算書類の内容を補足する重要な事項を表示しなければならない。

3　社会福祉法人は、第1項の規定にかかわらず、厚生労働省社会・援護局長(次項及び第34条において「社会・援護局長」という。)が定めるところにより、同項各号に掲げる附属明細書の作成を省略することができる。

4　第1項各号に掲げる附属明細書の様式は、社会・援護局長が定める。

48 法人内部の取引

事業区分間・拠点区分間及びサービス区分間の取引

社会福祉法人内の各区分間（事業区分間及び拠点区分間、同一拠点内におけるサービス区分間）において、**資金等を移動する**ことがあります。

２級ではこのうちの、「**拠点区分間取引**」と「**サービス区分間取引**」について学習します。

拠点区分間の資金移動取引

社会福祉法人はいくつもの施設、事業所又は事務所といった拠点を持っている場合があります。

社会福祉法人の拠点区分間で資金の移動があった場合には、次に示すように、支出側は「**拠点区分間繰入金費用（支出）**」、受入側は「**拠点区分間繰入金収益（収入）**」で処理し、資金収支計算書の「**その他の活動による収支**」、事業活動計算書の「**特別増減の部**」に計上します。

取引

A 拠点から B 拠点へ 100,000 円の現金を送金した。

支出側（A拠点）の処理

（借）	拠点区分間繰入金費用	100,000	（貸）	現　金　預　金	100,000

受入側（B拠点）の処理

（借）	現　金　預　金	100,000	（貸）	拠点区分間繰入金収益	100,000

なお、**拠点区分間取引**については「拠点区分間取引により生じる**内部取引高は、**事業区分資金収支内訳表及び事業区分事業活動計算書内訳表において**相殺消去する**ものとする。」と規定されています。（運用上の取扱い　局長通知４）

法人の 社会福祉事業

社会福祉事業（事業区分）から見ると、資金の置き場所がA拠点からB拠点となっただけなので、増えても減ってもいないということですね。

サービス区分間の資金移動取引

社会福祉法人のサービス区分間で資金の移動があった場合には、次に示すように、支出側は「**サービス区分間繰入金費用（支出）**」、受入側は「**サービス区分間繰入金収益（収入）**」で処理し、資金収支計算書の「**その他の活動による収支**」、事業活動計算書は「**特別増減の部**」に計上します。

取引

同じＡ拠点内で事業を行っているデイサービスから、特別養護老人ホームへ現金50,000円を移動した。

支出側（デイサービス）の処理

(借)	サービス区分間繰入金費用	50,000	(貸)	現金預金	50,000

受入側（特別養護老人ホーム）の処理

(借)	現金預金	50,000	(貸)	サービス区分間繰入金収益	50,000

なお、**サービス区分間取引**については「サービス区分間取引により生じる**内部取引高**は、拠点区分資金収支明細書及び拠点区分事業活動明細書において**相殺消去**するものとする」と規定されています。（運用上の取扱い　局長通知４）

また、「**運用上の留意事項**」では、法人内部における資金移動の状況を明らかにするために、**附属明細書を作成**することとしています。

法人の社会福祉事業の A拠点

社会福祉事業のA拠点（拠点区分）から見ると、資金の置き場所がデイサービスの区分から特別養護老人ホームの区分になっただけなので、増えても減ってもいないということですね。

運用上の留意事項

（課長通知）

11　事業区分間、拠点区分間及びサービス区分間の資金移動

社会福祉事業、公益事業及び収益事業における事業区分間及び拠点区分間の繰入金収入及び繰入金支出を記載するものとする（運用上の取り扱い別紙３（④）「事業区分間及び拠点区分間繰入金明細書」参照）。

また、拠点区分資金収支明細書（運用上の取り扱い別紙３（⑩））を作成した拠点においては、サービス区分間の繰入金収入及び繰入金支出を記載するものとする（運用上の取り扱い別紙３（⑬）「サービス区分間繰入金明細書」参照）。

49 計算書類の分析と検証

計算書類の分析

計算書類は、社会福祉法人の経営状態や財務状況を把握するために作成します。

言い換えれば、計算書類には社会福祉法人の現状を把握するための情報がたくさん詰まっていることになります。

例えば、

- 短期的な債務を支払うための資金が確保できているか
- その他の積立金に対する積立資産が積立てられているか
- 事業活動収益に対する人件費等の割合は適切か

などを確認することができます。

また、当期の決算の数字を予算や前年と比較することで、問題点や改善点を把握し、対策を講じることができるのです。

このように、計算書類の数値からさまざまな情報を読み取り、現状を把握する一連の作業のことを「財務分析」といいます。

財務分析の種類や手法などはおもに経営管理で学習しますが、会計２級では「増減分析」について簡単に触れておきます。

増減分析と会計処理の検証

「増減分析」とは、貸借対照表と事業活動計算書において、当期の決算数値と前年度の決算数値を比較し、その増減要因を把握することで活動の成果や経営の状況の良し悪しを判断する一連の作業のことです。

事業活動計算書と貸借対照表の様式を思い浮かべてみましょう。「当年度決算」「前年度決算」「増減」の３つの欄が設けられていますよね。

では、良し悪しはどのように判断するのでしょう？

貸借対照表ならば、資産は増えているほうが良いでしょうし、負債は減っているほうが良いでしょう。

事業活動計算書ならば、収益は増えて欲しいし、費用は減らしたいと考えるのではないでしょうか？

ここで重要なのは、ただ「増えた」「減った」を見るだけではなく、「なぜ増えたのか」「なぜ減ったのか」ということ、つまり「増減の理由」をしっかりと把握することが大切なのです。

例えば、借入金が増えていても、資産（特に固定資産）も同様に増えていれば、設備投資を行ったとわかります。逆に、借入金が増えているにもかかわらず資産が増えていないのであれば、経営の状態が悪いのでは？と疑うべきです。

借入金が増えているのに資産が増えていないということは、事業費や事務費、人件費などの日常の支払いのために借入れを行ったと考えられますね。

さらに増減分析は、会計処理の間違い探しにも役立ちます。

例えば、事業収益がそれほど増えていないにも関わらず事業費が大幅に増えているような場合は、費用の二重計上など、会計処理が間違っているのかもしれません。

このように、増減分析は経営の実態を把握すると同時に、会計処理の不備を見つけることにも役立ちます。

予算と決算

確認テスト

答え：P.216

❶ 次の空欄に当てはまる適切な語句を記入しなさい

(1) （　　　　　　　　　）の様式は、予算と決算を対比して差異を表示するように定められている。

(2) 会計基準では、拠点区分における計算書類の注記が必要とされて（　　　　）。

(3) 会計基準に定められた計算書類のうち、当該会計年度における純資産のすべての増減内容を明りょうに表示するものを（　　　　　　　　　　）という。

(4) 資金収支計算書は、「（　　　　　　）による収支」、「施設整備等による収支」、「その他の活動による収支」から構成されている。

(5) 財産目録は計算書類に（　　　　　　　）。

(6) 事業活動計算書における、サービス活動増減差額とサービス活動外増減差額の合計額を（　　　　　　　　）という。

(7) 1年以内返済予定設備資金借入金を返済する取引は、資金収支計算書に記載（　　　　）。

(8) 一つの拠点区分の中で複数の事業を行っているとき、その拠点で実施する事業内容に応じて設ける区分を（　　　　　　　　）と呼ぶ。

第11回出題

(9) 資金収支計算書における、事業活動資金収支差額、施設整備等資金収支差額、その他の活動資金収支差額の合計額を（　　　　　　　　　　　　）という。

(10)　財産目録の金額は、(　　　　　　　　　)に記載した金額と同一とされている。

(11)　ある社会福祉法人のA施設拠点区分の会計担当者が平成27年度分の決算処理を終え、同拠点区分の仕訳日記帳、総勘定元帳、貸借対照表、資金収支計算書、事業活動計算書を印刷してファイリングした。そののち、決算処理で行うべき構築物の減価償却の仕訳を、誤って（借方）減価償却費（貸方）器具及び備品としていたことが判明したため、書類を再度印刷し直す必要が生じた。このとき、再度印刷し直す必要がない書類は（　　　　　　　　　　）及び（　　　　　　　　　　）である。

第12回出題

(12)　固定資産の除却に伴う国庫補助金等特別積立金の取崩額は、事業活動計算書の（　　　　　　）の部に表示される。

(13)　貸借対照表の固定資産は「(　　　　　　　)」と「その他の固定資産」とに区分される。

(14)　資金収支内訳表（第一号第二様式）は、(　　　　　)区分ごとの資金収支内訳を表示する計算書類である。

第13回出題

(15)　「会計基準」において、附属明細書は「計算書類」に（　　　　　　　）。

(16)　1年以内に返済予定の設備資金借入金を返済する取引は、貸借対照表の残高に影響するほか、(　　　　　　　　　　　)に記載される。

第14回出題

(17)　事業活動計算書の区分は、サービス活動増減の部、サービス活動外増減の部、(　　　　　　　　　)、繰越活動増減の部に区分することとされている。

8 予算と決算

(18)　社会福祉法人は、計算書類の作成に関して、事業区分及び拠点区分を設けなければならず、その拠点区分は、原則として、(　　　　　　　　　　)とし、一体として運営される施設、事業所又は事務所をもって1つの拠点区分とする。

(19)　国庫補助金等特別積立金は、毎会計年度、国庫補助金等により取得した資産の減価償却費等により事業費用として費用配分される額の国庫補助金等の当該資産の取得原価に対する割合に相当する額を取り崩し、事業活動計算書の(　　　　　　　　　　)に控除項目として計上しなければならない。

第15回出題

巻末

確認テスト　解答解説
サンプル問題　解答解説

第1章

社会福祉法人の計算書類

問題：P.35

解答解説

❶

(1)　会計基準には、（　支払資金　）として流動資産と流動負債とが定義されている。ただし（　1年基準　）により固定資産又は固定負債から振り替えられた流動資産・流動負債、（　引当金　）並びに棚卸資産（　貯蔵品を除く　）を除くとされている。

第11・12・13回改題

(2)　会計基準に定められた「一般原則」のうち、「会計処理の原則及び手続並びに財務諸表の表示方法は、毎会計年度これを継続して適用し、みだりに変更してはならない」とされているものを、「（　継続性　）の原則」という。

第10・12・14回出題

(3)　会計基準に定められた「一般原則」のうち、「（　重要性　）の乏しいものについては、会計処理の原則及び手続並びに財務諸表の表示方法の適用に際して、本来の厳密な方法によらず、他の簡便な方法によることができる」とされているものを、「（　重要性　）の原則」という。

第11・13回出題

(4)　会計基準では、計算書類に記載する金額は、千円単位で表示することが（　認められていない　）。

第13回出題

(5)　消耗品、貯蔵品等のうち、重要性が乏しいものについては、その（　買入時又は支払時　）に費用として処理する方法は、重要性の原則の適用例の一つである。

第15回出題

第2章

収益・費用の会計処理

問題：P.52

解答解説

❶ 事業活動による収益・費用の計上

（単位：千円）

	借方科目	金額	貸方科目	金額
(1)	現金預金	20,344	老人福祉事業収益	20,344
(2)	広報費	298	現金預金	298
(3)	職員被服費	8	現金預金	8
(4)	職員給料	16,592	現金預金	20,195*
	非常勤職員給与	7,026	職員預り金	3,423
(5)	職員預り金	2,982	現金預金	4,989
	法定福利費	2,007		
(6)	印刷製本費	102	現金預金	102
(7)	現金預金	88,336	障害福祉サービス等事業収益	88,336

(2) 小切手の振出しは当座預金の減少要因です。

(4) ＊（16,592 ＋ 7,026）－ 3,423 ＝ 20,195

職員給料　非常勤職員給与　職員預り金

❷ 就労支援事業会計

(1) （(事業活動計算書)・資金収支計算書）

（(就労支援事業費用)・就労支援事業支出）

(2) （施設等整備積立金・(設備等整備積立金)）

(3) （(前年度)・過去３年間の平均額）

(4) （(最低工賃)・平均工賃）

(1) 就労支援事業別事業活動明細書で表示される就労支援事業活動費用計は事業活動計算書の就労支援事業費用と一致する。

(2)　就労支援事業については、指定基準において「就労支援事業収入から就労支援事業に必要な経費を控除した額に相当する金額を工賃として支払わなければならない」としていることから原則として剰余金は発生しない。しかし、将来にわたり安定的に工賃を支給し又は安定的かつ円滑に就労支援事業を継続するため、就労支援事業別事業活動明細書の就労支援事業活動増減差額から理事会の議決に基づき工賃変動積立金又は設備等整備積立金を積み立てることができる。

(3)　就労支援事業について「工賃変動積立金」・「人件費積立金」を計上する場合には、その年度の利用者賃金及び利用者工賃の支払額が、前年度の利用者賃金及び利用者工賃の支払額を下回らない場合に限り、計上できるものとする。

(4)　就労支援事業において、工賃変動積立金を積み立てている場合には、過去3年間の最低工賃を下回った年度については、理事会の議決に基づき工賃変動積立金及び工賃変動積立資産を取り崩して工賃を補填し、利用者に支給するものとする。

第3章

債権・債務の会計処理

問題：P.66

解答解説

❶

未収金、前払金、未払金、前受金等の（ 経常的な取引 ）によって発生した債権債務は、流動資産または流動負債に属するものとする。

社会福祉法人会計基準注解6

❷

（単位：千円）

	借方科目	金額	貸方科目	金額
(1)	給食費	2,887	事業未払金	3,542
	事務消耗品費	655		
(2)	未収補助金	5,987	老人福祉事業収益	6,279
	事業未収金	292		
(3)	器具及び備品	1,250	その他の未払金	1,250
(4)	車輌運搬具	1,440	長期未払金	1,440
(5)	長期未払金	40	現金預金	43
	支払利息	3		

第4章
固定資産

問題：P.102

解答解説

(1)　償却を終えたソフトウェアの帳簿価額は（　ゼロ　）である。

(2)　ソフトウェア等の無形固定資産については、当初より残存価額をゼロとして、（　定額法　）により償却計算を行うものとする。

(3)　平成19年3月31日以前に取得した有形固定資産について償却計算を実施するための残存価額は（　取得価額の10%　）とする。

❷

（単位：千円）

	借方科目	金額	貸方科目	金額
(1)	車輌運搬具	3,300	車輌運搬具受贈額	3,300
(2)	器具及び備品売却損・処分損	64	器具及び備品	56
			現金預金	8
(3)	車輌運搬具	1,084	現金預金	1,084
(4)	1年以内返済予定リース債務	1,520	現金預金	1,520
(5)	リース債務	1,520	1年以内返済予定リース債務	1,520
(6)	ソフトウェア	365	現金預金	365
(7)	災害損失	24,300	建物	24,300
(8)	有形リース資産	3,450	リース債務	3,450
	リース債務	690	現金預金	690
	減価償却費	690	有形リース資産	690
(9)	リース債務	690	1年以内返済予定リース債務	690
(10)	有形リース資産	3,088	リース債務	3,088
(11)	減価償却費	5,526	器具及び備品	5,526
	減価償却費	750	有形リース資産	750
(12)	建物	6,000	現金預金	6,000
(13)	減価償却費	201	建物	201

(13)　$6{,}000 \times 0.067 \times \dfrac{6\text{カ月（10月3日〜3月31日）}}{12\text{カ月（1年）}} = 201$

第5章

有価証券と外貨建資産の評価

問題：P.122

解答解説

❶ 有価証券

（単位：千円）

	借方科目	金額	貸方科目	金額
(1)	現金預金	488	投資有価証券	440
			投資有価証券売却益	48
(2)	有価証券評価損	23	有価証券	23

❷ 外貨建資産

（単位：千円）

	借方科目	金額	貸方科目	金額
(1)	現金預金	36	為替差益	36
(2)	為替差損	2,400	現金預金	2,400

第6章

純資産の会計処理

問題：P.138

解　答

(1)　×1年7月9日に、2,080千円の補助金を受けて2,688千円で施設建物の消化・排煙設備を設置した。この場合、×1年度決算における当該消火・排煙設備の減価償却費は（　252　）千円、国庫補助金等特別積立金取崩額は（　195　）千円である。なお、減価償却費は定額法により、耐用年数を8年（償却率0.125）、残存価額をゼロ、千円未満の端数を四捨五入することとする。

(2)　会計基準では、「社会福祉法人が事業の一部又は全部を（　廃止　）し、かつ基本金組み入れの対象となった基本財産又はその他の固定資産が廃棄され、又は売却された場合」に基本金を取り崩すこととされている。

(3)　国庫補助金等特別積立金に計上される国庫補助金等には、いわゆる民間公益補助事業による助成金等が（　含まれる　）。

(4)　施設の創設に係る設備資金借入金の償還を目的とした寄附金を受領したときは、施設整備等寄附金収益（収入）に計上するとともに、（　基本金　）を計上しなければならない。

(5)　×1年9月中旬に災害報知設備の更新工事を実施した。工事費用は2,560,000円で、補助金1,800,000円を受けて、10月1日から使用している。この場合、×1年度決算における災害報知設備（建物付属設備）の減価償却費は（　160,000　）円、国庫補助金等特別積立金取崩額は（　112,500　）円である。なお、減価償却は定額法により、耐用年数を8年（償却率0.125）、残存価額をゼロとする。

解　説

(1)　当期の減価償却期間　×1 年 7 月〜 ×2 年 3 月 →9 カ月

定額法償却率：0.125

減価償却費：2,688 千円× 0.125 × $\frac{9カ月}{12カ月}$ = 252 千円

国庫補助金等特別積立金取崩額：2,080 千円× 0.125 × $\frac{9カ月}{12カ月}$ = 195 千円

(5)　減価償却は使用を開始した ×1 年 10 月 1 日より行う。
当期の減価償却期間　×1 年 10 月〜 ×2 年 3 月 → 6 カ月

定額法償却率：0.125

減価償却費：2,560,000 円× 0.125 × $\frac{6カ月}{12カ月}$ = 160,000 円

国庫補助金等特別積立金取崩額：

$$1,800,000円× 0.125 × \frac{6カ月}{12カ月} = 112,500円$$

第7章
決算

問題：P.168

解答解説

(1)　会計基準では「将来の特定の費用又は損失であって、その発生が当該会計年度以前の事象に起因し、発生の可能性が高く、かつその金額を合理的に見積もることができる」場合には、当該会計年度の負担に属する金額を当該会計年度の費用として（　引当金　）に繰り入れることとされている。

第10回出題

(2)　貸借対照表上で資産の部に控除項目として記載される引当金は（　徴収不能引当金　）である。

第11回出題

(3)　貸借対照表上で固定負債の部に記載される引当金は（　退職給付　）引当金である。

第12回出題

(4)　前期末から繰り越された事業未収金が徴収不能となった場合に、その徴収不能となった金額が前期末に計上した徴収不能引当金の額以下のときは、その徴収不能の事実が（　資金収支計算書　）に記載される。

第15回出題

(5)　会計年度末において、事業未収金について回収不能額を見積もったときには、（　徴収不能引当金　）に繰り入れる。

第15回出題

（単位：千円）

	借方科目	金額	貸方科目	金額
(1)	賞与引当金	3,802	現金預金	5,655
	職員賞与	1,853		
(2)	徴収不能引当金	15	事業未収金	15
(3)	徴収不能引当金繰入	13	徴収不能引当金	13
(4)	徴収不能引当金	240	事業未収金	300
	徴収不能額	60		
(5)	長期未払金	480	1年以内支払予定長期未払金	480
(6)	退職給付費用	230	退職給付引当金	230
(7)	設備資金借入金	4,000	1年以内返済予定設備資金借入金	4,000
(8)	賞与引当金繰入	1,000	賞与引当金	1,000
(9)	退職給付費用	545	現金預金	545
(10)	徴収不能額	18	事業未収金	18

第8章
予算と決算

問題：P.202

解　答

(1)　(　資金収支計算書　)の様式は、予算と決算を対比して差異を表示するように定められている。

(2)　会計基準では、拠点区分における計算書類の注記が必要とされて(　いる　)。

(3)　会計基準に定められた計算書類のうち、当該会計年度における純資産のすべての増減内容を明りょうに表示するものを(　事業活動計算書　)という。

(4)　資金収支計算書は、「(　事業活動　)による収支」、「施設整備等による収支」、「その他の活動による収支」から構成されている。

(5)　財産目録は計算書類に(　含まれない　)。

(6)　事業活動計算書における、サービス活動増減差額とサービス活動外増減差額の合計額を(　経常増減差額　)という。

(7)　1年以内返済予定設備資金借入金を返済する取引は、資金収支計算書に記載(　される　)。

(8)　一つの拠点区分の中で複数の事業を行っているとき、その拠点で実施する事業内容に応じて設ける区分を(　サービス区分　)と呼ぶ。

第11回出題

(9)　資金収支計算書における、事業活動資金収支差額、施設整備等資金収支差額、その他の活動資金収支差額の合計額を（　当期資金収支差額合計　）という。

(10)　財産目録の金額は、(　貸借対照表　）に記載した金額と同一とされている。

(11)　ある社会福祉法人のA施設拠点区分の会計担当者が平成27年度分の決算処理を終え、同拠点区分の仕訳日記帳、総勘定元帳、貸借対照表、資金収支計算書、事業活動計算書を印刷してファイリングした。そののち、決算処理で行うべき構築物の減価償却の仕訳を、誤って（借方）減価償却費（貸方）器具及び備品としていたことが判明したため、書類を再度印刷し直す必要が生じた。このとき、再度印刷し直す必要がない書類は（　資金収支計算書　）及び（　事業活動計算書　）である。

第12回出題

(12)　固定資産の除却に伴う国庫補助金等特別積立金の取崩額は、事業活動計算書の（　特別増減　）の部に表示される。

(13)　貸借対照表の固定資産は「(　基本財産　)」と「その他の固定資産」とに区分される。

(14)　資金収支内訳表（第一号第二様式）は、（　事業　）区分ごとの資金収支内訳を表示する計算書類である。

第13回出題

(15)「会計基準」において、附属明細書は「計算書類」に（　含まれない　）。

(16)　1年以内に返済予定の設備資金借入金を返済する取引は、貸借対照表の残高に影響するほか、（　資金収支計算書　）に記載される。

第14回出題

(17)　事業活動計算書の区分は、サービス活動増減の部、サービス活動外増減の部、（　特別増減の部　）、繰越活動増減の部に区分することとされている。

(18)　社会福祉法人は、計算書類の作成に関して、事業区分及び拠点区分を設けなければならず、その拠点区分は、原則として、（　予算管理の単位　）とし、一体として運営される施設、事業所又は事務所をもって1つの拠点区分とする。

(19)　国庫補助金等特別積立金は、毎会計年度、国庫補助金等により取得した資産の減価償却費等により事業費用として費用配分される額の国庫補助金等の当該資産の取得原価に対する割合に相当する額を取り崩し、事業活動計算書の（　サービス活動費用　）に控除項目として計上しなければならない。

第15回出題

解　説

(2)　社会福祉法人会計基準に以下のように定められています。

第五節　計算書類の注記

第二十九条　計算書類には、法人全体について次に掲げる事項を注記しなければならない。

五　法人が作成する計算書類並びに拠点区分及びサービス区分

(4)　社会福祉法人会計基準に以下のように定められています。

第二節　資金収支計算書

第十五条　資金収支計算書は、次に掲げる収支に区分するものとする。

一　事業活動による収支

二　施設整備等による収支

三　その他の活動による収支

(5)(15) 社会福祉法人会計基準に以下のように定められています。

第一章　総則

第一条　社会福祉法人は、この省令で定めるところに従い、会計処理を行い、会計帳簿、計算書類（貸借対照表及び収支計算書をいう。以下同じ。）、その附属明細書及び財産目録を作成しなければならない。

第二条　社会福祉法人は、次に掲げる原則に従って、会計処理を行い、計算書類及びその附属明細書（以下「計算関係書類」という。）並びに財産目録を作成しなければならない。

附属明細書は「計算書類」には含まれません。また、資金収支計算書、事業活動計算書のことを収支計算書といいます。

(7)（16）

返済する際に支払資金が減少するため資金収支計算書に記載されます。

(11)

誤った仕訳

(借) 減価償却費	××	(貸) 器具及び備品	××

正しい仕訳

(借) 減価償却費	××	(貸) 構築物	××

修正仕訳

(借) 器具及び備品	××	(貸) 構築物	××

修正仕訳が必要　…　仕訳日記帳、総勘定元帳が修正されます。

資産の金額が変わる　…　貸借対照表が修正されます。

減価償却費の金額には修正がなく、支払いもともなわないため、資金収支計算書、事業活動計算書には変更がありません。

(14) ㊷社会福祉法人の計算書類　参照

（17）社会福祉法人会計基準に以下のように定められています。

第三節　事業活動計算書

第二十一条　事業活動計算書は、次に掲げる部に区分するものとする。

一　サービス活動増減の部

二　サービス活動外増減の部

三　特別増減の部

四　繰越活動増減差額の部

サンプル問題

総合福祉研究会が公表しているサンプル問題の標準解答をもとに、ネットスクールが解説を作成しています。

解答

1

(1)	(イ) 令和２年度	2,800 千円
	(ロ) 令和３年度	3,000 千円

(単位：千円)

(2)	借方		貸方	
	科目	金額	科目	金額
	職員賞与	560	職員預り金	610
	賞与引当金	2,800	現金預金	2,750

(3)	2,511 千円

(4)	① 当期末支払資金残高	316,227 千円
	② 当期活動増減差額	18,628 千円

(5)	④

※ (2)、(3)、(5)各４点、(1)、(4)各２点
※ (2)の借方、貸方の勘定科目が上下逆のものも正解とする。
※ 誤字は不正解とする。

2

(1)

ア	イ	ウ	エ	オ
事業計画	開始前	理事長	理事会	中区分
カ	キ	ク	ケ	コ
流用	支出	予備費	金額	補正

(2)

(単位：千円)

	借方		貸方	
	科目	金額	科目	金額
①	車輌運搬具売却損・処分損 車輌運搬具	50 2,500	車輌運搬具 現金預金 その他の未払金	350 100 2,100
②	土地	100,000	固定資産受贈額	100,000
③	基本金組入額	100,000	基本金	100,000
④	未収補助金	25,000	施設設備等補助金収益	25,000
⑤	国庫補助金等特別積立金積立額	25,000	国庫補助金等特別積立金	25,000

※　(1)各1点×10問、(2)各2点×5問

※　(2)①の借方、貸方の勘定科目が上下逆のものも正解とする。

※　誤字は不正解とする。

3

問題番号	解　答　欄
(1)	**事業活動計算書**　・　資金収支計算書 **就労支援事業費用**　・　就労支援事業支出
(2)	施設等整備積立金　・　**設備等整備積立金**
(3)	**前年度**　・　過去３年間の平均額
(4)	**最低工賃**　・　平均工賃
(5)	オペレーティング・リース取引　・　**ファイナンス・リース取引**
(6)	**300 万円**　・　200 万円　・　500 万円
(7)	リース料総額から利息相当額を控除しない方法　・ 定額法によって利息相当額を配分する方法　・　**利息法**
(8)	所有権移転外ファイナンス・リース　・　**所有権移転ファイナンス・リース** **所有権移転外ファイナンス・リース**　・　所有権移転ファイナンス・リース

※　各２点×10か所

4

事業活動計算書

（自）令和３年４月１日　（至）令和４年３月31日　（単位：千円）

勘定科目			当年度決算	前年度決算	増減
サービス活動増減の部	収益	障害福祉サービス等事業収益	255,786		
		経常経費寄附金収益	100		
		サービス活動収益計(1)	255,886		
	費用	人件費	119,812		
		事業費	32,147		
		事務費	23,481		
		減価償却費	15,174		
		国庫補助金等特別積立金取崩額	△ 5,200		
		徴収不能額	18		
		その他の費用			
		サービス活動費用計(2)	185,432		
	サービス活動増減差額(3)＝(1)－(2)		70,454		
サービス活動外増減の部	収益	借入金利息補助金収益			
		受取利息配当金収益			
		その他のサービス活動外収益			
		サービス活動外収益計(4)	0		
	費用	支払利息			
		その他のサービス活動外費用			
		サービス活動外費用計(5)			
	サービス活動外増減差額(6)＝(4)－(5)				
経常増減差額(7)＝(3)＋(6)			70,454		
特別増減の部	収益	施設整備等補助金収益			
		施設整備等寄附金収益			
		固定資産受贈額			
		その他の特別収益			
		特別収益計(8)	0		
	費用	基本金組入額			
		固定資産売却損・処分損	140		
		国庫補助金等特別積立金取崩額(除却等)	△		
		国庫補助金等特別積立金積立額			
		災害損失			
		その他の特別損失			
		特別費用計(9)	140		
	特別増減差額(10)＝(8)－(9)		△ 140		
当期活動増減差額(11)＝(7)＋(10)			70,314		
繰越活動増減差額の部	前期繰越活動増減差額(12)		240,104		
	当期末繰越活動増減差額(13)＝(11)＋(12)		310,418		
	基本金取崩額(14)				
	その他の積立金取崩額(15)				
	その他の積立金積立額(16)				
	次期繰越活動増減差額(17)＝(13)＋(14)＋(15)－(16)		310,418		

貸借対照表

令和４年３月31日　　　（単位：千円）

資産の部	当年度末	前年度末	増減
流動資産	256,361		
現金預金	212,374		
有価証券			
事業未収金	1,357		
未収金	100		
未収補助金	42,530		
貯蔵品			
立替金			
前払金			
前払費用			
１年以内回収予定長期貸付金			
短期貸付金			
仮払金			
その他の流動資産			
徴収不能引当金	△		
固定資産	184,787		
基本財産	177,659		
土地	50,688		
建物	126,971		
定期預金			
その他の固定資産	7,128		
土地			
建物			
構築物			
機械及び装置			
車輌運搬具	0		
器具及び備品	4,478		
有形リース資産	2,650		
権利			
ソフトウェア			
無形リース資産			
退職給付引当資産			
修繕積立資産			
長期前払費用			
その他の固定資産			
資産の部合計	441,148		

負債の部	当年度末	前年度末	増減
流動負債	12,091		
短期運営資金借入金			
事業未払金	4,555		
その他の未払金			
役員等短期借入金			
１年以内返済予定設備資金借入金			
１年以内返済予定リース債務	636		
１年以内支払予定長期未払金			
未払費用			
預り金			
職員預り金	1,300		
前受金			
仮受金			
賞与引当金	5,600		
その他の流動負債			
固定負債	2,014		
設備資金借入金			
リース債務	2,014		
退職給付引当金			
長期未払金			
その他の固定負債			
負債の部合計	14,105		
純資産の部			
基本金	40,000		
国庫補助金等特別積立金	76,625		
その他の積立金			
次期繰越活動増減差額	310,418		
(うち当期活動増減差額)	(70,314)		
純資産の部合計	427,043		
負債及び純資産の部合計	441,148		

※下線のある金額部分が各２点×20か所

解説

1

(1)　介護事業所拠点区分の賞与引当金について求めるため

令和２年度：3,360 ÷ 6 × 5 = 2,800

令和３年度：3,600 ÷ 6 × 5 = 3,000

(3)　退職給付引当資産の期首残高は10,489で、令和３年度に１名退職しているため、以下の仕訳が行われる。

(現　金　預　金)	650	(退職給付引当資産)	600
		(その他の収益)	50

この仕訳により、退職給付引当資産は10,489 − 600 = 9,889となる。

要約貸借対照表より、当年度末の残高は12,400となっているため、12,400 − 9,889 = 2,511となり、退職給付引当金も全く同じ動きをすることから、退職給付費用として退職給付引当金に繰り入れいる金額は同じ2,511である。

(4)①　プラスの支払資金：248,411 + 68,929 + 199 + 10 = 317,549

マイナスの支払資金：1,093 + 229 = 1,322

支払資金残高：317,549 − 1,322 = 216,227

②　ここでは事業活動計算書の繰越活動増減差額の部を使って考える。

当期活動増減差額(11)		ここを求めたい
繰越活動増減差額の部	前期繰越活動増減差額(12)	294,922 ※1
	当期末繰越活動増減差額(13) = (11) + (12)	
	基本金取崩額(14)	
	その他の積立金取崩額(15)	
	その他の積立金積立額(16)	10,000 ※2
	次期繰越活動増減差額(17) = (13) + (14) + (15) − (16)	303,550 ※1

※１：資料の要約貸借対照表より

※２：資料の要約貸借対照表より、施設整備等積立金が前年度末の40,000から当年度末に50,000になっていることがわかる。そのため、「その他の積立金積立額(16)」に10,000が入る。

当期活動増減差額(11)をXとすると303,550＝X＋294,922－10,000となり、これを解くと18,628になる。

(5)　社会福祉法人会計基準の運用上の取り扱い

18　引当金について(会計基準省令第5条第2項関係)

(1)　将来の特定の費用又は損失であって、その発生が当該会計年度以前の事象に起因し、発生の可能性が高く、かつその金額を合理的に見積もることができる場合には、当該会計年度の負担に属する金額を当該会計年度の費用として引当金に繰り入れ、当該引当金の残高を貸借対照表の負債の部に計上又は資産の部に控除項目として記載する。

上記の要件に含まれていないのは、④になる。

2

(1)　社会福祉法人モデル経理規程

(予算の事前作成)第16条

前条の予算は、事業計画及び承認社会福祉充実計画に基づき毎会計年度開始前に理事長が編成し、理事会の承認を得て確定する。

(勘定科目間の流用)第18条

予算管理責任者は、予算の執行上必要があると認めた場合には、理事長の承認得て、拠点区分内における中区分の勘定科目相互間において予算を流用することができる。

(予備費の計上)第19条

予測しがたい支出予算の不足を補うため、理事会の承認を得て支出予算に相当額の予備費を計上することができる。

(予備費の使用)第20条

予備費を使用する場合は、予算管理責任者は事前に理事長にその理由と金額を記載した文書を提示し、承認を得なければならない。

(補正予算)第21条

予算執行中に、予算に変更事由が生じた場合には、理事長は補正予算を作成して理事会に提出し、その承認を得なければならない。

3

(2)～(4)　社会福祉法人会計基準の運用上の留意事項(運用指針)

19　積立金と積立資産について

(3)　就労支援事業に関する積立金

就労支援事業については、指定基準において「就労支援事業収入から就労支援事業に必要な経費を控除した額に相当する金額を工賃として支払わなければならない」としていることから、原則として剰余金は発生しないものである。

しかしながら、将来にわたり安定的に工賃を支給し、又は安定的かつ円滑に就労支援事業を継続するため、また、次のような特定の目的の支出に備えるため、理事会の議決に基づき就労支援事業別事業活動明細書の就労支援事業活動増減差額から一定の金額を次の積立金として計上することができるものとする。

また、積立金を計上する場合には、同額の積立資産を計上することによりその存在を明らかにしなければならない。

なお、次の積立金は、当該年度の利用者賃金及び利用者工賃の支払額が、**前年度**の利用者賃金及び利用者工賃の支払実績額を下回らない場合に限り、計上できるものとする。

ア　工賃変動積立金

毎会計年度、一定の工賃水準を利用者に保障するため、将来の一定の工賃水準を下回る工賃の補填に備え、次に掲げる各事業年度における積立額及び積立額の上限額の範囲内において、「工賃変動積立金」を計上できるものとする。

・各事業年度における積立額：過去3年間の平均工賃の10%以内

・積立額の上限額：過去3年間の平均工賃の50%以内

なお、保障すべき一定の工賃水準とは、過去3年間の**最低工賃**(天災等により工賃が大幅に減少した年度を除く。)とし、これを下回った年度については、理事会の議決に基づき工賃変動積立金及び工賃変動積立資産を取り崩して工賃を補填し、補填された工賃を利用者に支給するものとする。

イ　**設備等整備積立金**

(略)

(5)　社会福祉法人会計基準の運用上の取扱いについて

8　リース取引に関する会計（会計基準省令第４条第１項関係）

１　リース取引に係る会計処理は、原則として以下のとおりとする。

(1)「ファイナンス・リース取引」とは、リース契約に基づくリース期間の中途において当該契約を解除することができないリース取引又はこれに準ずるリース取引で、借手が、当該契約に基づき使用する物件（以下「リース物件」という。）からもたらされる経済的利益を実質的に享受することができ、かつ、当該リース物件の使用に伴って生じるコストを実質的に負担することとなるリース取引をいう。

(6)　社会福祉法人会計基準の運用上の留意事項（運用指針）

20　リース会計について

(1)　リース会計処理について

（中略）

なお、リース契約１件当たりのリース料総額（維持管理費用相当額又は通常の保守等の役務提供相当額のリース料総額に占める割合が重要な場合には、その合理的見積額を除くことができる。）が **300万円**以下のリース取引等少額のリース資産や、リース期間が１年以内のリース取引についてはオペレーティング・リース取引の会計処理に準じて資産計上又は運用上の取り扱い第８に記載されている注記を省略することができる等の簡便的な取扱いができるものとする。

(7)　社会福祉法人会計基準の運用上の取扱いについて

8　リース取引に関する会計（会計基準省令第４条第１項関係）

２　利息相当額をリース期間中の各期に配分する方法は、原則として、**利息法（各期の支払利息相当額をリース債務の未返済元本残高に一定の利率を乗じて算定する方法）**によるものとする。

4

仕訳は以下の通り。

※「資金収支計算書」「事業活動計算書」の欄は、○が計上されるもの、×は計上されないものを表している。

	借方		貸方		資金収支計算書	事業活動計算書
	勘定科目	金額	勘定科目	金額		
①	現金預金	1,003	事業未収金	1,003	×	×
	現金預金	40,555	未収補助金	40,555	×	×
	現金預金	211,899	障害福祉サービス等事業収益	211,899	○	○

障害福祉サービス等事業収益(当期):253,457－(1,003＋40,555)＝211,899

	借方勘定科目	金額	貸方勘定科目	金額	資金収支計算書	事業活動計算書
②	事業未収金	1,357	障害福祉サービス等事業収益	1,357	○	○
	未収補助金	42,530	障害福祉サービス等事業収益	42,530	○	○

	借方勘定科目	金額	貸方勘定科目	金額	資金収支計算書	事業活動計算書
③	徴収不能額	18	事業未収金	18	○	○

「期首における事業未収金」とあるので、前期以前の取引で発生している事業未収金であるため、徴収不能引当金があれば取り崩す処理をするが、徴収不能引当金の計上がないため徴収不能額で処理する。

	借方勘定科目	金額	貸方勘定科目	金額	資金収支計算書	事業活動計算書
④	事業費	31,877	事業未払金	31,877	○	○
	事務費	23,454	事業未払金	23,454	○	○
	事業未払金	55,656	現金預金	55,656	×	×
⑤	仮受金	100	経常経費寄附金収益	100	○	○
⑥	事務費(研修研究費)	27	仮払金	27	○	○
	現金預金	3	仮払金	3	×	×
⑦	人件費(職員給料)	82,592	職員預り金*2	14,800	○	○
	人件費(職員賞与)*1	14,620	現金預金*3	87,812		
	賞与引当金	5,400				
	職員預り金*4	13,500	現金預金	13,500	×	×
	職員預り金	1,348	現金預金	1,348	×	×
	人件費(法定福利費)	17,000	現金預金	17,000	○	○

人件費(職員賞与)*1:20,020－5,400＝14,620

職員預り金*2:1,800(源泉所得税)＋13,000(社会保険料)＝14,800

現金預金*3:82,592(給与手当)＋20,020(賞与)－14,800(預り金)＝87,812

職員預り金*4:14,800(当期預り金)－1,300(期末残高)＝13,500

参考

テキストで学習した基本通りに仕訳をすると上記のような処理になりますが、問題文全体を読んでから処理をしないと「人件費(職員賞与)*1」の金額等を計算することができません。そこで、問題文を読みながら、１つずつ取引を処理していった場合の仕訳を下記に載せておきますので、参考にして下さい。このように１つずつ処理をすると、問題の読み飛ばしや金額の間違えのリスクを減らすことができます。

当期中に給与手当82,592千円、賞与20,020千円から源泉所得税1,800千円及び社会保険料13,000千円を預かり、普通預金から支給した。

人件費(職員給料) 人件費(職員賞与)	82,592 14,620	職員預り金 現金預金	14,800 87,812	○	○

預かった源泉所得税及び社会保険料についても期末残高1,300千円を残して納付済みである。職員預り金の期首残高相当額についても令和３年４月に納付済みである。

職員預り金*5	14,848	現金預金	14,848	×	×

職員預り金*5：1,348(預り金期首残高)＋14,800(当期預り金)－1,300(期末残高)
＝14,848

事業主負担社会保険料も17,000千円納付済みである。

人件費(法定福利費)	17,000	現金預金	17,000	○	○

賞与支給時には、賞与引当金5,400千円を充当した。

賞与引当金	5,400	人件費(職員賞与)	5,400	×	○

⑧	未収金	100	車輌運搬具	100	○	×
	車輌運搬具売却損・処分損	140	車輌運搬具	140	×	○
⑨	事業費(消耗器具備品費)	270	事業未払金	270	○	○
⑩	有形リース資産	3,180	リース債務	3,180	×	×
	リース債務	530	現金預金	530	○	×
	減価償却費	530	有形リース資産	530	×	○

リース債務、減価償却費：3,180÷５年÷12か月×10か月＝530

⑪	リース債務	636	１年以内返済予定リース債務	636	×	×

リース債務：3,180÷５年÷12か月×12か月＝636

⑫	人件費(賞与引当金繰入)	5,600	賞与引当金	5,600	×	○

人件費(賞与引当金繰入)：8,400÷６か月×４か月＝5,600

⑬	減価償却費	13,404	建物	13,404	×	○
	減価償却費	1,240	器具及び備品	1,240	×	○
	国庫補助金等特別積立金	5,200	国庫補助金等特別積立金取崩額	5,200	×	○

事業活動計算書及び貸借対照表は、次の手順で作成していきます。

1. 令和３年度における取引を仕訳し、問題資料として与えられている合計残高試算表の各科目の「修正」欄に、金額を記入していきます。

（記入例では仕訳の番号ごとに、各科目の借方の金額合計、貸方の金額合計をまとめて記入しています。）

2. すべての取引を、合計残高試算表の各科目の「修正」欄に記入したら、各科目の残高を集計していきます。

ここで集計した残高が「決算整理後残高」となり、事業活動計算書及び貸借対照表に記載される金額となります。

金額の集計の仕方

借方残高の科目は、期首残高＋借方の修正金額－貸方の修正金額＝期末残高

貸方残高の科目は、期首残高＋貸方の修正金額－借方の修正金額＝期末残高

例

未収補助金（借方残高の科目）：40,555（借方）＋42,530（借方）－40,555（貸方）
＝42,530（借方）

職員預り金（貸方残高の科目）：1,348（貸方）＋14,800（貸方）－14,848（借方）
＝1,300（貸方）

修正欄の借方の合計　491,399 + 82,370 = 573,769　と
貸方の合計　232,866 + 340,903 = 573,769　が等しいことから、修正仕訳の貸借が等しいことは確認できます。
（転記ミスを発見することはできませんが、合わなかったらどこかに間違いがある、ということです。）

3. 合計残高試算表のうち、事業活動計算書科目の決算整理後残高から収益小計と費用小計を計算し、「当期活動増減差額」の金額を求めて記入します。「当期活動増減差額」の金額は、貸借対照表欄の「当期活動増減差額」にも記入します。

4. 合計残高試算表が正しく記入出来たら、解答用紙の事業活動計算書及び貸借対照表に金額を転記していきます。

（合計残高試算表の「車輌運搬具売却損・処分損」は、事業活動計算書では「**固定資産売却損・処分損**」と表記されます。）

借方					貸方				
科目	期首	修正		残高	科目	期首	修正		残高
		借方	貸方				借方	貸方	
現金預金	134,760	① 253,457 ⑥ 3	④ 55,656 ⑦ 119,660 ⑩ 530	212,374	事業未払金	4,610	④ 55,656	④ 55,331 ⑨ 270	4,555
事業未収金	1,021	② 1,357	① 1,003 ③ 18	1,357	その他の未払金	0			
未収金	0	⑧ 100		100	職員預り金	1,348	⑦ 14,848	⑦ 14,800	1,300
未収補助金	40,555	② 42,530	① 40,555	42,530	仮受金	100	⑤ 100		
仮払金	30		⑥ 30		1年以内返済予定リース債務	0		⑪ 636	636
					賞与引当金	5,400	⑦ 5,400	⑫ 5,600	5,600
土地(基本財産)	50,688			50,688	リース債務	0	⑩ 530 ⑪ 636	⑩ 3,180	2,014
建物(基本財産)	140,375		⑬ 13,404	126,971					
車輌運搬具	240		⑧ 240						
器具及び備品	5,718		⑬ 1,240	4,478	基本金	40,000			40,000
有形リース資産	0	⑩ 3,180	⑩ 530	2,650	国庫補助金等特別積立金	81,825	⑬ 5,200		76,625
					次期繰越活動増減差額(期首)	240,104			240,104
					当期活動増減差額	-			70,314
貸借対照表合計	373,387			441,148		373,387			441,148
人件費		⑦ 114,212 ⑫ 5,600		119,812	障害福祉サービス等事業収益			① 211,899 ② 43,887	255,786
事業費		④ 31,877 ⑨ 270		32,147	経常経費寄付金収益			⑤ 100	100
事務費		④ 23,454 ⑥ 27		23,481					
減価償却費		⑩ 530 ⑬ 14,644		15,174					
徴収不能額		③ 18		18	国庫補助金等特別積立金取崩額			⑬ 5,200	5,200
車輌運搬具売却損・処分損		⑧ 140		140					
収益・費用小計				190,772					261,086
当期活動増減差額				70,314					
合計	373,387	491,399	232,866	702,234	合計	373,387	82,370	340,903	702,234

索　引

こ

さ

し

す

せ

そ

た

ち

て

と

ね

は

ひ

ふ

ほ

ま

み

む

め

や

ゆ

よ

り

おわりに……

お疲れ様でした。

会計２級の学習はこれで修了です。

まずは試験合格に向けてサンプル問題の反復練習をしつつ、苦手な論点はテキスト本文に戻って確認する作業を繰り返しましょう。はじめは解けない問題でも、インプットとアウトプットを繰り返すことで理解が深まり、苦手な問題を克服していくことができます。

そして、会計２級合格後は、次のステップとしてぜひ会計１級にチャレンジしてください。

会計２級と会計１級のレベルは以下のようになっています。

【会計２級】会計３級における基礎的な内容をふまえた上で、主に社会福祉法人の各施設の「会計責任者・施設長・事務長」として、実務において必要とされる内容を問うものとする

【会計１級】主に「複数施設を有する社会福祉法人における統括会計責任者・職業会計人・会計事務所職員」に必要とされる、より専門的で高度な内容を問うものとする。

また、会計１級にチャレンジして見事に合格された暁には、ぜひ「社会福祉法人マイスター」の称号を取得すべく、経営管理という科目の試験にもチャレンジなさってください！

この本で学習してくださった皆様が､みごとに試験に合格され､さらに次のステップにチャレンジして、いずれ社会福祉法人の運営を支える立場となって活躍していただけたらとても嬉しいです。

ネットスクール　社会福祉法人経営実務検定試験テキスト＆トレーニング

制作スタッフ一同

…… Memorandum Sheet ……

…… Memorandum Sheet ……

…… Memorandum Sheet ……

社会福祉法人経営実務検定
書籍ラインナップ

書名	判型	税込価格（予価）	発刊年月
サクッとうかる社会福祉法人経営実務検定試験 入門 公式テキスト&トレーニング	A5判	1,760円	好評発売中
サクッとうかる社会福祉法人経営実務検定試験 会計3級 公式テキスト&トレーニング	A5判	2,420円	好評発売中
サクッとうかる社会福祉法人経営実務検定試験 会計2級 テキスト&トレーニング	A5判	3,080円	2022年9月予定
サクッとうかる社会福祉法人経営実務検定試験 会計1級 テキスト&トレーニング（仮）	A5判	3,520円	2022年9月予定
サクッとうかる社会福祉法人経営実務検定試験 経営管理 分析編テキスト&トレーニング（仮）	A5判	3,080円	2022年10月予定
サクッとうかる社会福祉法人経営実務検定試験 経営管理 ガバナンス編テキスト&トレーニング（仮）	A5判	3,080円	2022年10月予定

社会福祉法人経営実務検定対策書籍は全国の書店・ネットスクールWEB-SHOPをご利用ください。

ネットスクール WEB-SHOP

https://www.net-school.jp/

ネットスクール WEB-SHOP　検索

※ 書名・価格・発行年月や表紙のデザインなどは変更する場合もございますので、予めご了承ください。（2022年8月現在）

社会福祉法人経営実務検定試験　会計2級

サンプル問題

ご利用方法

以下の別冊は、この紙を残したままていねいに抜き取りご利用ください。
下の図のように、別冊を開きホッチキスの針を外します。
針を外すさいは、必ず、素手ではなくドライバー等の器具をご使用ください。
なお、抜取りのさいの損傷によるお取替えはご遠慮願います。

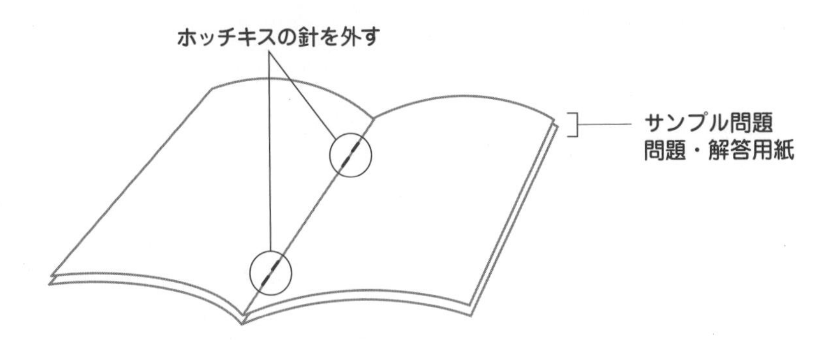

解答用紙ダウンロードサービス

解答用紙はダウンロードサービスもご利用いただけます。ネットスクールHP
(https://www.net-school.co.jp/) から「読者の方へ」にアクセスしてください。

試験会場番号		

サンプル問題

社会福祉法人経営実務検定試験

問題用紙

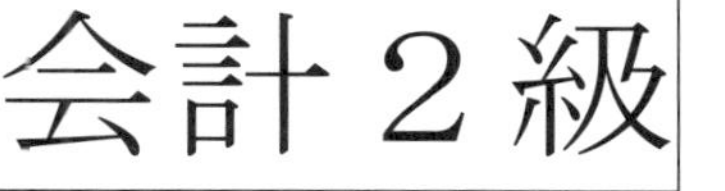

（令和○年○○月○日施行）

◇問題用紙及び解答用紙の指定の欄に試験会場番号・受験番号と氏名を記入してください。
解答用紙には所属も記入してください。

1　(20 点)

次の資料は、社会福祉法人Hの介護事業所拠点区分における令和３年度の決算整理仕訳処理後の要約貸借対照表及び注記の抜粋である。この要約貸借対照表及び注記の抜粋をもとに次の問いに答えなさい。

ただし、一部の金額（(　　　)として表示しているもの）については、各自推定すること。

なお、仕訳について、勘定科目は指定されたものの中から選択して使用しなさい。

介護事業所拠点区分　要約貸借対照表

令和４年３月31日　(単位：千円)

借方			貸方		
科目	当年度末	前年度末	科目	当年度末	前年度末
流動資産			流動負債		
現金預金	248, 411	208, 593	事業未払金	1, 093	806
事業未収金	68, 929	75, 302	職員預り金	229	215
未収補助金	199	15, 335	1年以内返済予定設備資金借入金	5, 000	5, 000
貯蔵品	10	9	賞与引当金	(　　　)	(　　　)
給食用材料	34	19	固定負債		
徴収不能引当金	(　　　)	(　　　)	設備資金借入金	124, 297	114, 097
固定資産			退職給付引当金	(　　　)	(　　　)

（１）賞与引当金について、次の情報に基づいて、（イ）令和２年度及び（ロ）令和３年度の賞与引当金残高をそれぞれ求めなさい。

①　職員に対する賞与については、給与規程に支給の定めがあり、支給対象期間は次のとおり定められている。過去から当該規程に則って支給が行われている。なお、社会福祉法人Ｈの介護事業所拠点区分には現状非常勤職員はいない。

種類	支給対象期間	支給月
夏季賞与	当年11月～翌年４月	毎年　６月末
冬季賞与	当年５月～当年10月	毎年　12月末

②　夏季賞与については、支給見込総額を毎年３月の理事会で承認しており、令和３年３月に決議された支給見込総額は17,200千円（うち、介護事業所拠点区分が3,360千円）であり、令和４年３月に決議された支給見込総額は18,000千円（うち、介護事業所拠点区分が3,600千円）であった。いずれも金額的な重要性があることから、賞与引当金の計上が必要と判断されている。

③　令和３年度には見込みどおり17,200千円（うち、介護事業所拠点区分が3,360千円）の支給が行われた。

（２）上記（１）②及び③に基づき、介護事業所拠点区分における、令和３年度の夏季賞与支給時の仕訳をし

（４）要約貸借対照表から算出される、令和３年度の①資金収支計算書の当期末支払資金残高、及び、②事業活動計算書の当期活動増減差額の金額をそれぞれ求めなさい。

なお、徴収不能引当金については、事業未収金に過去の徴収不能の実績に基づき一定の率を乗じて計算しており、令和２年度末は18千円と計算された。令和３年度においては、このうち9千円が徴収不能となったため、徴収不能引当金から充当して会計処理を行っている。同様に、過去の徴収不能の実績に基づき一定の率を乗じて計算したところ、令和３年度末は10千円と計算された。

（５）引当金に計上するための「４つの要件」に含まれないものを以下の５つのうちから１つ選択しなさい。

<選択肢>

① 将来の特定の費用又は損失であるという要件

② その発生が当該会計年度以前の事象に起因しているという要件

③ 発生の可能性が高いという要件

④ 引当金と同額の引当資産を計上するという要件

⑤ 金額を合理的に見積もることができるという要件

2 (20点)

（1）次の文章は予算の管理について述べたものである。空欄にあてはまる適切な語句を、解答欄に示す語群の中から選んで記入しなさい。

予算は、（　ア　）及び承認社会福祉充実計画に基づき毎会計年度（　イ　）に（　ウ　）が編成し、（　エ　）の承認を得て確定する。

予算管理責任者は、予算の執行上必要があると認めた場合には、（　ウ　）の承認を得て、拠点区分内における（　オ　）の勘定科目相互間において予算を（　カ　）することができるほか、予測しがたい（　キ　）予算の不足を補うため、（　エ　）の承認を得て（　キ　）予算に相当額の（　ク　）を計上することができる。

なお、（　ク　）を使用する場合は、予算管理責任者は事前に（　ウ　）にその理由と（　ケ　）を記載した文書を提示し、承認を得なければならない。

予算執行中に予算に変更事由が生じた場合において、その乖離額等が法人の運営に支障がなく軽微な範囲にとどまる場合をのぞき（　ウ　）は（　コ　）予算を作成して、（　エ　）の承認を得なければならない。

	理事長・評議員会・事業計画・予算管理責任者・流用・金額・予算計画・理事・使途・大区分・収入・管理費

3 (20点)

次の文章の空欄にあてはまる適切な語句を、語群の中から選んで〇で囲みなさい。

（1）就労支援事業別事業活動明細書で表示される就労支援事業活動費用計は（　事業活動計算書　・　資金収支計算書　）の（　就労支援事業費用　・　就労支援事業支出　）と一致する。

（2）就労支援事業については、指定基準において「就労支援事業収入から就労支援事業に必要な経費を控除した額に相当する金額を工賃として支払わなければならない」としていることから原則として剰余金は発生しない。しかし、将来にわたり安定的に工賃を支給し又は安定的かつ円滑に就労支援事業を継続するため、就労支援事業別事業活動明細書の就労支援事業活動増減差額から理事会の議決に基づき工賃変動積立金又は（　施設等整備積立金　・　設備等整備積立金　）を積み立てることができる。

（3）就労支援事業について「工賃変動積立金」・「人件費積立金」を計上する場合には、その年度の利用者賃金及び利用者工賃の支払額が、（　前年度　・　過去3年間の平均額　）の利用者賃金及び利用者工賃の支払額を下回らない場合に限り、計上できるものとする。

（4）就労支援事業において、工賃変動積立金を積み立てている場合には、過去3年間の（　最低工賃　・　平均工賃　）を下回った年度については、理事会の議決に基づき工賃変動積立金及び工賃変動積立資産を取り崩して工賃を補填し、利用者に支給するものとする。

4 （40 点）

令和３年度における次の取引と次ページの合計残高試算表を参考に、解答用紙の事業活動計算書及び貸借対照表を作成しなさい。ただし、数値の記入されない欄に「０」を記入する必要はなく、網掛け部分は解答しなくてよい。また計算過程で生じる千円未満の端数は、切り捨てること。なお合計残高試算表には、貸借対照表及び事業活動計算書の勘定科目名を表記し、資金収支計算書の勘定科目名は表記していない。また合計残高試算表は採点対象ではない。

① 令和３年度中に障害福祉サービス事業の報酬 253, 457 千円（うち期首における事業未収金 1, 003 千円、未収補助金 40, 555 千円）が普通預金に振り込まれた。

② 障害福祉サービス事業の利用者負担分 1, 357 千円を事業未収金に、市の補助金 42, 530 千円を未収補助金に計上した。

③ 期首における事業未収金のうち 18 千円が徴収不能となった。

④ 令和３年度中に取引先から受けた支払請求額は事業費が 31, 877 千円（下記⑨を除く）、事務費が 23, 454 千円（下記⑥を除く）であり、請求の都度事業未払金を計上している。また、支払いをした事業未払金は 55, 656 千円である。

⑤ 前期過入金であったため仮受金として計上していた 100 千円について、当期に入り経常経費に対する寄附とする旨の申し出があった。

⑥ 職員に仮払いしていた 30 千円につき、研修参加費 15 千円と研修旅費 12 千円の領収書とともに、残金 3

借方					貸方				
科目	期首	修正		残高	科目	期首	修正		残高
		借方	貸方				借方	貸方	
現金預金	134,760				事業未払金	4,610			
事業未収金	1,021				その他の未払金	0			
未収金	0				職員預り金	1,348			
未収補助金	40,555				仮受金	100			
仮払金	30				１年以内返済予定リース債務	0			
					賞与引当金	5,400			
土地（基本財産）	50,688				リース債務	0			
建物（基本財産）	140,375								
車輌運搬具	240								
器具及び備品	5,718				基本金	40,000			
有形リース資産	0				国庫補助金等特別積立金	81,825			
					次期繰越活動増減差額（期首）	240,104			
					当期活動増減差額	−			
貸借対照表合計	373,387					373,387			

注意事項

◇この問題用紙及び解答用紙の中では、「社会福祉法人会計基準」（平成28年３月31日／厚生労働省令第79号）と、「社会福祉法人会計基準の制定に伴う会計処理等に関する運用上の取扱いについて」（平成28年３月31日／雇児発0331第15号・社援発0331第39号・老発0331第45号）及び「社会福祉法人会計基準の制定に伴う会計処理等に関する運用上の留意事項について」（平成28年３月31日／雇児総発0331第７号・社援基発0331第２号・障障発0331第２号・老総発0331第４号）を総称して、「会計基準」と表記している。解答に当たっては、令和４年４月１日現在の「会計基準」に基づいて答えなさい。

◇問題は大問1から大問4まであるので注意すること。なお、問題文は金額単位を省略して表示しているので、特に指示のない限り、金額を解答する際には単位を省略して算用数字で示すこと（漢数字や「２千」などの表記は不正解とする）。また、解答がマイナスになる場合には、数字の前に「△」をつけて「△1,000」のように記載すること。

◇次の勘定科目は「会計基準」に定められた貸借対照表科目及び事業活動計算書科目の一部である。特に指示のない限り、解答に使用する勘定科目はこの中から選択すること。勘定科目の名称は、下記の通りに記載すること（略字や、同じ意味でも下記と異なる表記はすべて不正解とするので注意すること）。

貸借対照表科目

（資産の部）

現金預金　有価証券　事業未収金　未収金　未収補助金　未収収益　貯蔵品　給食用材料　立替金
前払金　前払費用　１年以内回収予定長期貸付金　短期貸付金　仮払金　徴収不能引当金　土地
建物　構築物　機械及び装置　車輌運搬具　器具及び備品　建設仮勘定　有形リース資産　権利
ソフトウェア　無形リース資産　投資有価証券　長期貸付金　退職給付引当資産
施設整備等積立資産　差入保証金

（負債の部）

会計２級サンプル問題解答用紙

なお、本サンプル問題は、書籍制作時点で最新のものではありますが、変更されることもありますので、最新のものは一般財団法人総合福祉研究会のホームページにてご確認ください。
https://www.sofukuken.gr.jp/test-10/

試験会場番号		

サンプル問題

社会福祉法人経営実務検定試験

解答用紙

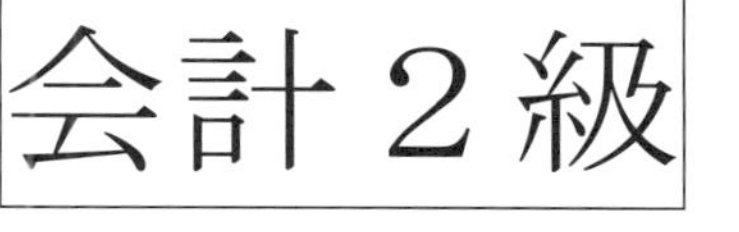
会計２級

（令和○年○○月○日施行）

1

（１）	（イ）　令和２年度	千円
	（ロ）　令和３年度	千円

（単位：千円）

	借　　方		貸　　方	
	科　　目	金　額	科　　目	金　額
（２）				

2

（1）

ア	イ	ウ	エ	オ
カ	キ	ク	ケ	コ

（2）

（単位：千円）

	借　　方		貸　　方	
	科　　目	金　額	科　　目	金　額

3

問題番号	解　答　欄
(1)	事業活動計算書　・　資金収支計算書 就労支援事業費用　・　就労支援事業支出
(2)	施設等整備積立金　・　設備等整備積立金
(3)	前年度　・　過去３年間の平均額
(4)	最低工賃　・　平均工賃

4

事業活動計算書

（自）令和３年４月１日　（至）令和４年３月31日　（単位：千円）

勘定科目			当年度決算	前年度決算	増減
サービス活動増減の部	収益	障害福祉サービス等事業収益			
		経常経費寄附金収益			
		サービス活動収益計(1)			
	費用	人件費			
		事業費			
		事務費			
		減価償却費			
		国庫補助金等特別積立金取崩額	△		
		徴収不能額			
		その他の費用			
		サービス活動費用計(2)			
	サービス活動増減差額(3)=(1)-(2)				
サービス活動外	収益	借入金利息補助金収益			
		受取利息配当金収益			
		その他のサービス活動外収益			
		サービス活動外収益計(4)			
	費	支払利息			

会計２級サンプル問題解答用紙

貸借対照表

令和４年３月31日

（単位：千円）

資産の部				負債の部			
	当年度末	前年度末	増減		当年度末	前年度末	増減
流動資産				流動負債			
現金預金				短期運営資金借入金			
有価証券				事業未払金			
事業未収金				その他の未払金			
未収金				役員等短期借入金			
未収補助金				１年以内返済予定設備資金借入金			
貯蔵品				１年以内返済予定リース債務			
立替金				１年以内支払予定長期未払金			
前払金				未払費用			
前払費用				預り金			
１年以内回収予定長期貸付金				職員預り金			
短期貸付金				前受金			
仮払金				仮受金			
その他の流動資産				賞与引当金			
徴収不能引当金	△			その他の流動負債			
固定資産				固定負債			

定期預金				長期未払金			
その他の固定資産				その他の固定負債			
土地				負債の部合計			
建物				純　資　産　の　部			
構築物				基本金			
機械及び装置				国庫補助金等 特別積立金			
車輌運搬具				その他の積立金			
器具及び備品				次期繰越活動増減差額			
有形リース資産				(うち当期活動増減差額)	( )		
権利							
ソフトウェア							
無形リース資産							
退職給付引当資産							
修繕積立資産							
長期前払費用							
その他の固定資産				純資産の部合計			
資産の部合計				負債及び純資産の部合計			

4	

経常増減差額(7)=(3)+(6)					
特別増減の部	収益	施設整備等補助金収益			
		施設整備等寄附金収益			
		固定資産受贈額			
		その他の特別収益			
		特別収益計(8)			
	費用	基本金組入額			
		固定資産売却損・処分損			
		国庫補助金等特別積立金取崩額（除却等）	△		
		国庫補助金等特別積立金積立額			
		災害損失			
		その他の特別損失			
		特別費用計(9)			
	特別増減差額(10)=(8)−(9)		△		
当期活動増減差額(11)=(7)+(10)					
繰越活動増減差額の部	前期繰越活動増減差額(12)				
	当期末繰越活動増減差額(13)=(11)+(12)				
	基本金取崩額(14)				
	その他の積立金取崩額(15)				
	その他の積立金積立額(16)				
	次期繰越活動増減差額(17)=(13)+(14)+(15)−(16)				

(6)	300 万円　・　200 万円　・　500 万円
(7)	リース料総額から利息相当額を控除しない方法　・ 定額法によって利息相当額を配分する方法　・　利息法
(8)	所有権移転外ファイナンス・リース　・　所有権移転ファイナンス・リース 所有権移転外ファイナンス・リース　・　所有権移転ファイナンス・リース

3	

②				
③				
④				
⑤				

2	

（4）	①　当期末支払資金残高	千円
	②　当期活動増減差額	千円

（5）	

1	

<table>
<tr><td>所属</td><td colspan="5">該当する項目に☑をご記入ください
□社会福祉法人役員　□会計事務所職員
□社会福祉法人（社協以外）職員　□公務員
□社会福祉協議会職員　□学生
□金融機関職員　□会社員（役員を含む）　□その他（　　　）</td></tr>
<tr><td>受験番号</td><td></td><td>氏名</td><td></td><td>得点</td><td></td></tr>
</table>

ます。

◇解答欄には解答以外の記入はしないでください。解答以外の記入がある場合には不正解とします。
◇金額は３位ごとにカンマ「,」を記入してください。３位ごとにカンマ「,」が付されていない場合には不正解とします。
◇使用する勘定科目は特に別段の指示のない限り、必ず裏表紙の注意事項に記載の勘定科目を使用してください。同じ意味でも裏表紙の注意事項に記載の科目を使用していない場合は不正解とします。
◇検定試験は各級とも１科目 **100** 点を満点とし，全科目得点 **70** 点以上を合格とします。ただし，各級・各科目とも，設問のうちひとつでも **0** 点の大問がある場合には不合格とします。
◇試験時間は 13：30 から 15：00 までの 90 分です。
◇途中退室は 14：00 から 14：50 の間にできます。途中退室された場合は再入室することはできません。なお、体調のすぐれない方は試験監督係員にお申し出ください。
◇試験開始時間までに、裏表紙の注意事項もお読みください。
◇問題用紙・解答用紙・計算用紙はすべて回収し、返却はいたしません。
◇問題と標準解答を 12 月〇日（月）午後５時に、（一財）総合福祉研究会ホームページにて発表します。
◇合否結果は１月中旬ごろインターネット上のマイページで各自ご確認ください。なお、個別の採点内容や得点等についてはお答えいたしかねますのでご了承ください。
◇合格証書は２月初旬ごろご自宅に発送いたします。

受験番号		氏名	

器具及び備品	9, 480	11, 330	国庫補助金等特別積立金	39, 981	42, 020
施設整備等積立資産	50, 000	40, 000	施設整備等積立金	50, 000	40, 000
退職給付引当資産	12, 400	10, 489	次期繰越活動増減差額	303, 550	294, 922
			（当期活動増減差額）	（　　　）	（　19, 482）
資産合計	839, 550	810, 349	負債及び純資産合計	839, 550	810, 349

介護事業所拠点区分　計算書類に対する注記（抜粋）

1．重要な会計方針

引当金の計上基準

- 徴収不能引当金　　金銭債権のうち、徴収不能と見込まれる額を計上している。
- 賞与引当金　　職員に支給する賞与のうち、当該会計年度の負担に属する額を計上している。
- 退職給付引当金　　Ｐ県の実施する退職共済制度に基づく掛金累計額と同額を計上している。

（中略）

2．採用する退職給付制度

独立行政法人福祉医療機構の実施する社会福祉施設職員等退職手当共済制度及びＰ県の実施する確定給付型の退職共済制度を採用している。

ているが、令和３年度は職員１名の退職に伴い当該退職共済会からの支給報告に基づき、退職金要支給額である650千円を支給している。この職員にかかる退職共済会への預け金として計上している退職給付引当資産残高及び退職給付引当金の前会計年度末の残高はともに600千円であり、退職金支給額は、退職共済会から法人に対して一旦振り込まれた後、法人から当該職員に対して支給した。そこで、令和３年度の決算において、Ｐ県の実施する退職共済制度に基づき、法人が退職給付引当金の繰入額として計上したと考えられる退職給付費用の金額を求めなさい。

なお、上記の要約貸借対照表上の退職給付引当資産の残高は、退職共済会からの報告と期中の掛金の拠出額をすべて反映させ、被共済職員個人が拠出した掛金累計額を控除した正しい残高であるものとする。

（その他前提条件及び解答に当たっての参考）

令和３年度中に当該介護事業所拠点区分に所属する職員の他の拠点間との異動はなく、上記に記載された職員１名以外には、令和３年度中の退職はない。

また、当該職員は、令和３年度の期首（令和３年４月１日）に退職し、令和３年度中に当該職員に退職金が支給されている。期首（令和３年４月１日）に退職したことから、令和３年度中のＰ県の実施する確定給付型の退職共済制度に基づく法人が負担すべき掛金拠出額には、当該職員にかかる追加の負担はなかったものとする。

（２）次の取引について必要な仕訳をしなさい。ただし、解答の金額は千円単位で記入しなさい。

① 車両１台（帳簿価額350千円）を300千円で下取りに出し、車両１台（取得価額2, 500千円）を購入した。代金のうち100千円は現金で支払い、残額2, 100千円を翌月末払いとした。

② 施設用地として時価100, 000千円の土地の寄附を受けた。

③ ②の土地の受贈額に相当する100, 000千円を基本金へ組入れた。

④ 施設整備補助金25, 000千円の受領が確定し、翌年度の５月に振り込まれる予定である。

⑤ ④の施設整備補助金に相当する額を国庫補助金等特別積立金へ積立てた。

ス期間の中途において当該契約を解除することができないリース取引又はこれに準ずるリース取引で、借手が、当該契約に基づき使用する物件（以下「リース物件」という。）からもたらされる経済的利益を実質的に享受することができ、かつ当該リース物件の仕様に伴って生じるコストを実質的に負担することとなるリース取引をいう。

（6）ファイナンス・リース取引であっても、リース契約1件当たりのリース料総額が（　300万円　・200万円　・500万円　）以下のリース資産や、リース期間が1年以内のリース取引については、毎月のリース料の支払を賃借料で処理し、資産計上しないことができる。

（7）利息相当額をリース期間中の各期に配分する方法は、原則として、（　リース料総額から利息相当額を控除しない方法　・　定額法によって利息相当額を配分する方法　・　利息法（各期の支払利息相当額をリース債務の未返済元本残高に一定の利率を乗じて算定する方法）　）によるものとする。

（8）（　所有権移転外ファイナンス・リース　・　所有権移転ファイナンス・リース　）に係るリース資産の減価償却は、自己所有の固定資産と同じ減価償却方法で算定し、（　所有権移転外ファイナンス・リース　・　所有権移転ファイナンス・リース　）に係るリース資産の減価償却は、原則としてリース期間を耐用年数とし、残存価額をゼロとして算定するものとする。

を残して納付済みである。なお、職員預り金の期首残高相当額についても令和３年４月に納付済みである。また、事業主負担社会保険料も 17,000 千円納付済みである。なお、賞与支給時には、賞与引当金 5,400 千円を充当した。

⑧　法人所有の車両（期首帳簿価額 240 千円：対応する国庫補助金等特別積立金はなし）が不要となったため、中古車販売業者に見積もりを依頼したところ、最高査定額は 100 千円であった。理事より車両引き取りの申し出があったため、理事会にて承認の上、令和４年３月 30 日に 100 千円で引き渡した。売却代金は令和４年４月２日回収予定である。当期減価償却費は計上しない。

⑨　令和４年３月 20 日に、利用者用の車いす３台（１台 90 千円）を購入し、代金 270 千円は翌月 10 日に指定口座へ振り込んだ。

⑩　令和３年６月１日にコピー機を、利息を含めて 3,180 千円で５年リースにて調達した（所有権移転外ファイナンス・リースに該当する）。６月から毎月均等額のリース料を支払い、期末に減価償却を行った。なお、リースの処理はリース料総額から利息相当額を控除しない方法によることとする。

⑪　⑩のリース契約につき、１年基準によりリース債務を流動負債に振り替えた。

⑫　令和４年度の夏季賞与支給見込額は次の通りである。決算に当たり、賞与引当金を計上した。

支給月	支給対象期間	支給見込額
令和４年６月	令和３年12月～令和４年５月	8,400 千円

⑬　固定資産につき、次の減価償却を行った。

建　物	13,404 千円	器具及び備品	1,240 千円

同時に、建物の減価償却費に対応する国庫補助金等特別積立金 5,200 千円を取り崩した。

事　務　費								
減価償却費								
徴収不能額				国庫補助金等特別積立金取崩額				
車輌運搬具売却損・処分損								
収益・費用小計								
当期活動増減差額								
合　計				合　計				

賞与引当金　設備資金借入金　長期運営資金借入金　リース債務　役員等長期借入金
退職給付引当金　長期未払金　長期預り金
（純資産の部）
基本金　国庫補助金等特別積立金　施設整備等積立金　次期繰越活動増減差額

事業活動計算書科目

（収益の部）
介護保険事業収益　老人福祉事業収益　児童福祉事業収益　保育事業収益　就労支援事業収益
障害福祉サービス等事業収益　生活保護事業収益　医療事業収益　経常経費寄附金収益
借入金利息補助金収益　受取利息配当金収益　有価証券評価益　有価証券売却益　投資有価証券評価益
投資有価証券売却益　受入研修費収益　利用者等外給食収益　為替差益　雑収益
施設整備等補助金収益　設備資金借入金元金償還補助金収益　施設整備等寄附金収益
設備資金借入金元金償還寄附金収益　長期運営資金借入金元金償還寄附金収益　固定資産受贈額
車輌運搬具売却益　器具及び備品売却益　徴収不能引当金戻入益
（費用の部）
役員報酬　職員給料　職員賞与　賞与引当金繰入　非常勤職員給与　派遣職員費　退職給付費用
法定福利費　給食費　介護用品費　保健衛生費　医療費　被服費　教養娯楽費　日用品費
保育材料費　本人支給金　水道光熱費　燃料費　消耗器具備品費　保険料　賃借料　教育指導費
就職支度費　葬祭費　車輌費　福利厚生費　職員被服費　旅費交通費　研修研究費
事務消耗品費　印刷製本費　修繕費　通信運搬費　会議費　広報費　業務委託費　手数料
土地・建物賃借料　租税公課　保守料　渉外費　諸会費　利用者負担軽減額　減価償却費
国庫補助金等特別積立金取崩額　徴収不能額　徴収不能引当金繰入　支払利息　有価証券評価損
有価証券売却損　投資有価証券評価損　投資有価証券売却損　利用者等外給食費　為替差損
雑損失　基本金組入額　資産評価損　建物売却損・処分損　車輌運搬具売却損・処分損
器具及び備品売却損・処分損　国庫補助金等特別積立金取崩額（除却等）
国庫補助金等特別積立金積立額　災害損失　その他の特別損失
（繰越活動増減差額の部）
基本金取崩額　施設整備積立金取崩額　施設整備積立金積立額

ネットスクール出版